面向
泰语为母语学生
"都" 的考察与分析

［泰］张曹武——著

知识产权出版社

全国百佳图书出版单位

图书在版编目（CIP）数据

面向泰语为母语学生"都"的考察与分析 /（泰）张曹武著 .—北京：知识产权出版社，
2019.5

ISBN 978-7-5130-6168-1

Ⅰ .①面… Ⅱ .①张… Ⅲ .①汉语—助词—对比研究—泰语 Ⅳ .① H146.2 ② H412.4

中国版本图书馆 CIP 数据核字（2019）第 052355 号

责任编辑：刘　睿　刘　江　　　　　责任校对：潘凤越

封面设计：张　冀　　　　　　　　　责任印制：孙婷婷

面向泰语为母语学生"都"的考察与分析

Mianxiang Taiyu Wei Muyu Xuesheng "Dou" de Kaocha Yu Fenxi

［泰］张曹武　著

出版发行：知识产权出版社有限责任公司　　　网　　址：http ://www.ipph.cn

社　　址：北京市海淀区气象路 50 号院　　　邮　　编：100081

责编电话：010-82000860 转 8344　　　　　　责编邮箱：liujiang@cnipr.com

发行电话：010-82000860 转 8101/8102　　　 发行传真：010-82000893/82005070/82000270

印　　刷：北京建宏印刷有限公司　　　　　　经　　销：各大网上书店、新华书店及相关专业书店

开　　本：720mm×1000mm　1/16　　　　　 印　　张：15

版　　次：2019 年 5 月第 1 版　　　　　　　 印　　次：2019 年 5 月第 1 次印刷

字　　数：220 千字　　　　　　　　　　　　定　　价：60.00 元

ISBN 978-7-5130-6168-1

序 一

　　张曹武是我指导的第一个攻读博士研究生学位的外国留学生。2011 年他凭借自身优秀的综合素质获得中国政府奖学金来到北京语言大学攻读语言学及应用语言学专业的博士学位，并于 2014 年 6 月顺利毕业。曹武读书期间认真刻苦的学习态度给我留下了极为深刻的印象。现在他的博士论文《面向泰语为母语学生"都"的考察与分析》经过作者的多次修订即将出版，作为曹武的导师，我深感欣慰和欢喜！

　　曹武在读博士前是泰国玛希隆大学的汉语教师，有着丰富的二语教学经验。作为一名汉语教师，他不仅熟知中、泰两国的汉语教学大纲以及汉语教材，同时也对泰国学生在汉语学习中的常见偏误问题有着切身的体会。"都"是现代汉语中使用频率相当高的一个副词，然而泰国学生普遍反映"都"及其相关句式一直以来都是困扰他们的一个难点，仅仅靠多接触"都"的使用例子并不能很好地帮助泰国学生解决"都"的实际使用困惑。有鉴于此，曹武决定在前贤已有相关研究成果的基础上系统性地对"都"的各种用法进行语言学理论上的再度诠释，并希望其研究成果能对今后的汉语国际教学有反拨作用，这便是曹武博士论文的选题缘起。

　　整个研究的切入点是汉语"都"与泰语相关用法的对比分析，通过这一对比，作者发现泰语并不存在与汉语"都"直接对应的表达，"都"的每一种用法在泰语中都存在一个或多个对应的用法。因此，泰语中表示"总括"的用法也更灵活多变，要根据具体的语言环境而定。在基于汉、泰两种语言翔实对比的基础上，作者明确了二者的共性与差异，并进一步指明了"都"与泰语对应句式互译时需要注意的问题，这对于今后针对泰国学生的汉语教材和工具书的编写具有直接的参考价值，也为今后泰国的汉语教学提供了坚实的理论依据。除了对国际汉语教学工作具有理论贡献外，书中所收集的泰语语料以及在此基础上的理论分析对于当今语言学界的热点之一的语言类型学研究也有直接贡献。诚然，在"都"的问题上国内的汉语本体研究已经取得一系列丰硕的成果，但在更为宏观的跨语言对比层面，尤其是针对各种小语种如泰语的考察仍然欠缺。这些小语种由于使用者数量相对较少，在以往语言学研究中常被忽视，它们对于类型学领域却有着重要意义。这部专著为小语种与汉语的对比分析开辟了一个系统的研究框架，虽然其出发点是一个泰语教学的问题，但是不论其宏观的理论分析模式抑或细致入微的思考角度都可以被拓展、延伸、借鉴到其他小语种与汉语的对比分析中。"以铜为镜可以正衣冠"，不囿于单一语言深入研究的视角，通过跨语言的比较研究有助于我们洞察人类语言的本质。由单一走向多元，才能真正靠近语言的真相，这是21世纪语言研究的主流取向，而曹武的论文正是对这种取向的一个积极实践。

除了理论层面的汉、泰对比研究，本书还通过语料库及问卷调查，考察泰国学生"都"的使用偏误情况，尝试揭示泰国学生"都"的使用偏误规律并提出解决的策略。作者指出泰国学生"都"的偏误问题可以归纳为四大类：遗漏、误代、误加、错序。经过语料库的实证研究，作者发现遗漏偏误和误代偏误是其中出错率相对比较高的类型。在考察泰国学生的偏误现象后，作者进一步探究了产生偏误的主要原因。以遗漏偏误为例，产生这种偏误的原因，一是泰国学生受到母语句式的负迁移影响，简单把表面相似的汉、泰表达对等起来，习惯性套用母语的使用方式，结果就造成偏误句；二是因为泰国学生没有把标志性的词与"都"建立起联系，这种情况经常发生在表示总括的"都1"上，如"每……都……""所有……都……""无论……都……"等。最后作者将偏误原因归纳为内部原因和外部原因两方面，并指出内部原因主要为泰语的干扰，目的语的知识过度泛化，而外部原因则包括教材与大纲对"都"的介绍不够全面，教学误导等。针对这两类原因，作者均给出了相应的教学建议：对于前者，作者认为教师可按由常用到非常用的顺序，讲清"都"的语义特征，特别是要让学生知道在什么样的情况下"都"的使用是必不可缺的。教师也可以从学生以往的作文中找出有代表性的偏误实例，让学生自己纠正。对于后者，作者针对大纲和教材的不足之处给出了需要改进的建议，比如生词表中应该进一步完善"都"的注释，注明"都"可以与泰语的哪些词语对应、对应的具体条件是什么等。

　　这部专著的研究内容是曹武在北京语言大学博士阶段学习的一个总结，也是其从事独立学术研究的起步。在论文撰写的过程中，曹武遇到了不少难题，例如在搜集文献时他曾经向我反映有关汉语"都"与泰语相关词的对比、习得以及教学方面的研究实不易寻，这也促使他更加坚定地想通过自己的博士论文来对这些问题进行系统阐述。本书当然也存在不足之处，譬如在讨论泰语学生的偏误原因时如能结合具体情况凸显泰语学生的个体特征将会强化本书研究结果的客观性和实用性。然而瑕不掩瑜，这部专著从语法比较、偏误分析以及教材比较等方面对汉语"都"与泰语相关词做出了一个全面而系统的考察，弥补了前人研究中的不足之处。随着"一带一路"建设的不断推进，以及孔子学院项目的逐步推广，泰国的汉语学习者越来越多，对汉语教学的需求和要求也不断提高。在圆满完成博士学业之后，曹武现已作为玛希隆大学汉语教学的负责人开始一段新的教学与学术征程，我相信曹武在北京学习的经历将成为今后他在泰国继续从事汉语教学研究的学术底色和底气，我由衷期待看到他为泰国的汉语教学工作做出更多、更有益的贡献。

　　是为序。

吴平

于北京语言大学

2018 年 12 月 31 日

序 二

2018 年 12 月初的一天，北京语言大学外国语学部吴平教授给我打电话，告诉我，他的外国博士生张曹武（泰国）同学的博士论文要出版了，嘱我给写一篇序言。听到这个消息既替曹武高兴，又感到有些压力，担心自己不能很好地解读他的论文和心声，最后在吴教授的坚持下，欣然从命。

第一次见到曹武，是在他的论文选题论证时。曹武拿着要写的论文题目和大纲让我提意见，我刚一看题目就觉得"都"在中国国内有非常多的研究，作为一篇博士论文还能写出新意吗？曹武说，"都"是泰国学生学习的难点，以"都"为对象进行对比的研究还没有，他想做这方面的研究，有信心把它做好，同时告诉我他自己做了大量的前期调研和资料积累。第一次见面，曹武给我的印象是知难而上，敢于啃硬骨头。

曹武来北京语言大学读博士前是泰国玛希隆大学的汉语教师，他有着较好的汉语语言能力，听说方面可以与中国老师进行无障碍的交流与沟通，读写译方面可以阅读中文专业文献、用汉语写作论文，并翻译了大量泰国文献，同时，他还具有计算机应用能力，可以说曹武具备优秀汉语教师的潜质和素养，这些为他博士论文的写作打下了坚实的基础。

最重要的是曹武具有较强的研究能力。第一，文献综述能力，在综述部分，曹武对汉语"都"的本体研究和"都"在二语教学中的应用研究进行了全面系统的梳理，参考了大量文献资料，引用的文章具有代表性和先进性，所进行的归纳和总结表明作者具有较强的汉语概括能力和提升能力。第二，论文横跨多个学科领域，有汉语本体、二语习得、语言对比、中介语等理论，曹武驾驭自如，能为我所用，在理论指导下进行分析和研究，使论文具有一定的难度和高度。第三，研究方法得当、有效。论文主要采用对比分析和偏误分析的方法，作者先从汉泰两种语言的对比入手，讨论汉语"都"与泰语词的对应关系，发现汉语"都"与泰语中的词不存在简单的一一对应的关系，而是存在复杂的一对多的关系。接着，作者通过中介语语料库获得的有关语料及泰国学生学习使用"都"的过程中产生的偏误进行分析，认为共有四种偏误类型，并对偏误产生的原因进行分析。上述方法的有效运用，都从不同角度强化了论文研究过程和研究结果的客观性和有效性，以及结论的可靠性。第四，研究紧密结合汉语教学的实际，作者最后对五种汉语教学大纲和八种中泰两国的汉语教材进行分析，认为大纲及教材所提供的有关"都"的信息不够全面，导致学生学习效果的不理想。第五，论文最后作者对汉语教材编写、辞书编纂和课堂教学提出了一些建议。总之，通过论文的写作可以看出曹武具有较高的科研能力。当然，论文也有进一步提升的空间，比如针对泰国学习者汉语"都"的主要偏误类型和偏误成因，分析尚显简单，应进一步加强。

最后，我想说说曹武的为人，从跟曹武的几次接触，以及吴平教授的介绍，我觉得曹武身上具有可贵的尊师、感恩的品质。曹武是在中国政府奖学金的资助下完成博士学位的，他非常珍视这样的学习机会，学习刻苦努力，不耻下问，尊重师长，希望自己学成之后能尽快用于本国的汉语教学，使更多的泰国学生能通过他的教学快速成长和发展，他就像种子一样，不断发展、壮大。现在曹武已经是玛希隆大学汉语教学负责人了，正在为汉语在泰国的学习和传播而积极工作着。

曹武的求学、工作经历，除了自己的刻苦努力，这里面也凝聚了导师的心血、学校的培养和中国政府的支持。看到曹武一步一个脚印地向前走，印证了本土教师培养的正确性，在他的博士论文即将付梓之际，愿意写下上面的话，以表达对曹武和他的导师吴平教授的祝贺和敬意。

姜丽萍

2018 年 12 月 22 日

前　言

　　"都"是现代汉语语法研究中的一个热点，也是泰国学生学习汉语的一个难点。在中国，虽然目前已经有非常多的与"都"相关的研究，但其中对泰汉语"都"的习得研究方面很少涉及。"都"所表示的义项有很多，用法也很复杂，并且"都"与泰语中的很多词都有意义对应的现象，但它们又不完全等同，其中的对应关系尚不明确。鉴于此，本书试图针对泰国学生习得"都"的现象，对汉、泰中表示"都"的用法进行一系列对比，集中解决两大问题：第一，汉语的"都"与泰语中类似词语的对应问题；第二，泰国学生在习得汉语时所产生的偏误问题。本书希望能通过对这两大问题的探讨，提出对泰汉语的教材、工具书、课堂教学方式等方面的建议，以便提高泰国学生习得"都"的效果，为对泰汉语教学做出贡献。

　　在研究方法上，本书以汉、泰中"都"的对比为基础，通过对泰汉语教材的分析、语料库与问卷调查，考察泰国学生习得"都"的情况，找出"都"习得的难点，并对产生偏误的原因作出一定的解释，从而在教学方面提出相应的对策。

　　经过对比研究，以及泰国学生大量的偏误材料，本书对泰国学生学习汉语"都"的难点做出了详细分析并得出几点初步结论。首先，在偏误类型上，泰国学生"都"的偏误类型主要是遗漏偏误和误代偏误。其次，在偏误原因上，主要是母语负迁移的影响，目的语规则泛化以及教学误导。再次，在教学方法上，教师应该了解泰语可能产生的负面影响，因此，教师必须加强汉泰对比研究，重视偏误分析的研究成果，明确教学重点和难点。最后，在教材上，与中国的汉语教材相比，泰国的教材不够成熟，没有利用到与"都"相关的研究成果。

  本书的研究成果对对泰汉语教学不仅具有一定的应用价值，而且具有理论价值。

Preface

As a heated topic in Mandarin Chinese studies, *Dou* (都) is also a typical difficulty for Thai students who study Chinese language. In China, there is an abundance in studies related to *Dou*, but the ones that focus on how Thai students study it are few and far between. *Dou* bears various kinds of meanings, and its usages are also complicated. Moreover, *Dou* can be interpreted as many different words in Thai, but the corresponding relationships between them and *Dou* are still unclear because none of them are exactly equal to *Dou*. In spite of this, in this thesis we are going to compare *Dou* with the corresponding Thai's words in light of Thai students' are acquisition of it, and then concentrate on solving two problems: Firstly, the corresponding relationship between *Dou* and other related Thai's words; Secondly, the mistakes about *Dou* that are made when Thai students are studying Chinese. By discussing these two problems, we are also going to make some suggestions about the textbooks and tool books that are used in Chinese teaching for Thai students.

In this thesis, on the basis of the comparison between *Dou* and corresponding Thai's words, we are going to analyze the Chinese teaching textbooks that are used in Thailand, and then try to understand the present condition of Thai students' acquisition of *Dou* by questionnaires. Thus, enabling us to make some suggestions about Chinese teaching on this area by making a deeper analysis of the mistakes the Thai students made.

After the comparative study of *Dou* and its corresponding Thai words, several further suggestions about this topic are presented here: Firstly, omission and overrepresentation are the two main kinds of mistakes that are made by Thai students when they are studying *Dou*. It is also better for the teachers to know about the negative transfer caused by Thai when they are teaching. Therefore the teachers should understand the difficult and important points of *Dou* and Thai words. Moreover, the Chinese teaching textbooks in Thailand are not good enough compared to the ones that are used for teaching Chinese as a second language in China.

The research in this thesis is not only useful for Chinese teaching to Thai people, it also makes up the insufficiency on comparative studies about *Dou* in Chinese and Thai.

目 录

第一章 绪 论

一、选题缘起和研究价值

"都"是现代汉语中使用频率相当高的一个副词，根据《现代汉语频率词典》，前 50 个频率最高的词条当中，汉语副词"都"使用频率居第 26 位，在前 50 个词条出现的 7 个副词当中排第四位。"都"在《HSK 中国汉语水平考试词汇大纲》《汉语 8000 词词典》中均是甲级词汇。

语法学界对"都"的本体研究已经取得比较深入的成果，但跨语言对比研究的成果比较薄弱。在以往的研究中，有关汉语"都"与泰语相关词的对比、习得以及教学方面的研究并不常见，而且没有相关的博士论文进行系统地阐述。所以，为了弥补这方面的不足，本书从语法比较、偏误分析以及教材比较等方面系统地展开针对汉语"都"与泰语相关词的研究。

回顾过去的相关研究，不但缺少与"都"相关的汉、泰语对比研究，而且尚未发现专门针对泰国学生学习"都"的偏误分析和针对汉、泰两国汉语教材"都"在教材中的比较分析，甚至目前的汉泰词典和对泰汉语教材中都没有对"都"的用法进行详细阐述。

本书研究了汉语"都"与泰语中相关的词的对比，分析了《HSK 动态作文语料库》中的相关部分，并结合泰国学生的真实语料以及对应的调查问卷。在此基础上，本书考察了泰国学生副词"都"的习得情况，揭示"都"与泰语相关的用法的共性与特性、"都"与泰语对应句式互译时需要注意的问题；同时对比分析泰国学生"都"的偏误类型和产生原因，并发现"都"在泰国汉语教学中存在一些问题。此外，还对汉、泰两国编写的教材与教学大纲进行考查，对"都"的语法设置和练习的编写进行分析，针对教材与大纲的不足之处，提出需要改进的问题。

这项研究有助于了解泰国学生学习汉语"都"的规律，可以改进教学方法，提高教学效率。

二、研究目标和拟解决的问题

（1）通过对比分析来探讨"都"与泰语相关用法，揭示汉、泰语的共性与差异，同时提出"都"与泰语对应句式互译时需要注意的问题，为今后针对泰国学生的汉语教材和工具书编写提供参考和依据。

（2）通过语料库及问卷调查，考察泰国学生"都"的偏误情况，揭示泰国学生"都"的偏误规律，发现泰国学生学习"都"的实际问题，并提出解决的策略。

（3）通过对教学大纲的考察，针对大纲的不足之处，提出需要改进的建议。

三、研究方法和语料来源

本书采取对比分析法和偏误分析法相结合的方法，主要对比汉语"都"和泰语中相对应的词语用法的异同点，分析并预测泰国学生学习汉语的难易点。偏误分析则是通过对泰国学生学习汉语"都"的难点及偏误作出分析，并试图对偏误产生的原因作出合理的解释。对比分析是偏误分析的基础，有了对比分析才能正确把握偏误分析，才能使研究更加深入。

本书语料主要来自北京语言大学中介语语料库、泰国朱拉隆功大学泰语语料库以及《汉泰词典》；用于对比的语料主要是老舍的《骆驼祥子》《月牙儿》、鲁迅的《鲁迅小说全集》以及一些中国出版的泰语教材等。此外本书也使用了一些笔者收集的相关中介语语料。

四、研究框架

本书共分七章。

第一章为绪论。主要论述选题缘起、理论基础、研究方法、研究目标、语料来源及研究框架。

第二章是"都"的研究文献评述。主要回顾"都"的本体研究和"都"在二语教学中的研究，总结目前关于"都"的研究倾向和成果。

第三章是汉语"都"与泰语相关用法的对比研究。在前人研究的基础上对"都"与泰语相关的用法进行对比，揭示汉、泰两种语言的异同。

第四章是泰国学生汉语"都"的偏误分析。本书以语料库的横向考查为基础，结合问卷调查的纵向分析，探讨泰国学生习得"都"的问题，解析泰国学生习得"都"的偏误特点及成因。

第五章是现有汉语教程"都"的教学点的考察。本书对现行汉、泰两国编写的教材与教学大纲的考查，对"都"的语法设置和练习的编写进行分析，针对教材与大纲的不足之处，提出需要改进的问题。

第六章是针对泰国学生"都"的教学对策和建议，指出对泰国学生进行"都"教学时教师和学生应该注意的问题，并提出针对泰国学生学习"都"习得策略的培养方案。

第七章是结语，对全书进行总结。

第二章 "都"的研究文献评述

"都"的研究在汉语学界一直是一个非常热门的研究课题。近年来,国内外有很多研究"都"的文章,从 CNKI 的统计,有关"都"的论文共有155篇。这个数字还不包括有些题目中不包括"都"的论文。各位学者从不同的角度和方法对"都"进行了研究,取得了一系列的成果。这反映出"都"的问题很复杂,也说明"都"的问题之重要,值得研究。本书对"都"的本体研究和"都"在二语教学中的研究做了综述,总结了目前关于"都"的研究倾向和成果,这也为进一步研究"都"的相关问题提供了参考。

第一节 "都"的本体研究

在泰国,汉语"都"的教学离不开汉语本体研究,汉语本体研究的成果与不足也会对泰国汉语教学产生影响。因此,只有建立在汉语本体研究的基础上,对泰国汉语教学才能有据可依,对教材编写、课堂教学、教学顺序都有帮助。本书收集了与"都"相关的文献,发现各家对"都"的研究角度和方法不尽相同,观点也存在差异。以往研究的分歧主要集中在如下几点。

一、关于"都"的用法的概述

关于"都"的基本用法，下面通过辞书中对"都"的解释来探讨"都"的基本概念及其用法，主要是为了了解教师和学生普遍使用的、比较权威的词典和工具书对"都"的解释（见表 2-1）。

表 2-1 权威辞书中有关"都"的解释

	编者	总括	甚至	已经	跟"是"连用，表说明原因
《现代汉语词典》第 6 版	中国社会科学院语言研究所词典编辑室	✓	✓	✓	✓
《汉语教与学词典》	施光亨、王绍新	✓	✓	✓	✓
《现代汉语虚词词典》	朱景松	✓	✓	✓	✓
《学生现代汉语词典》	李国炎、吴崇康、郑宣沐	✓	✓	✓	✓
《新华词典》	商务印书馆辞书研究中心	✓	✓	✓	
《现代汉语八百词》	吕叔湘	✓	✓	✓	
《现代汉语规范词典》	李行健	✓	✓	✓	
《实用现代汉语词典》	杨合鸣	✓	✓	✓	
《汉语 8000 词词典》	汉语水平考试中心	✓	✓	✓	
《现代汉语虚词讲义》	李晓琪	✓	✓	✓	
《现代汉语虚词词典》	张斌	✓	✓		
《现代汉语虚词》	何新波	✓	✓		

综合上文分析，可以发现词典和工具书对"都"的解释各有不同，有的认为"都"有四个义项，如《现代汉语词典》《汉语教与学词典》《现代汉语虚词词典》（朱景松）、《学生现代汉语词典》；有的认为"都"有三个义项，如《新华词典》《现代汉语八百词》《现代汉语规范词典》《实用现代汉语词典》《汉语 8000 词词典》《现代汉语虚词讲义》；有的认为"都"有两个义项，如《现代汉语虚词词典》（张斌）、《现代汉语虚词》等。值得注意的是，虽然辞书对"都"的某些义项的解释不尽相同，但基本上的分法还是大致相同的。另外，《现代汉语词典》和《现代汉语八百词》明确地指出："表示总

括全部。除问话以外,所总括的对象必须放在'都'前。"《汉语8000词词典》对"都"也有同样的看法:表示总括的"都",所总括的成分一般在前。

可以发现,表示总括和强调是各大辞书统一的观点。笔者认为,"都"跟"是"字合用,表示说明理由,这个义项可以归为总括义;而"都"表示已经,可以归为强调义。因此,"都"的实际意义可以归纳为两类,即表总括和强调。

二、关于"都"的义项

关于副词"都"的分类,语言学界的认识并不一致。王力在《中国现代语法》中指出,"都"是范围副词、指示主语的范围者、表示全范围。❶吕叔湘在《中国文法要略》中指出,"都"表示"全称",并说明"口语里虽没有加在名词前的概括词,却有两个概括词可以加在动词前,'全'和'都',如'村子里的人都/全来了'"。❷朱德熙在《语法讲义》中指出,"都"是表示范围的副词,标举它前边的词语的范围。❸由此可见,王力和吕叔湘都认为"都"是一个"表全称的范围副词"。吕叔湘(1980)❹将"都"分为三类:(1)表示总括的"都1"属范围副词;(2)表示甚至的"都2"属语气副词;(3)表示已经的"都3"属时间副词。

关于"都"的义项的研究也是一个热点。如王红(2000)❺对"都"的义项进行了重新归类,认为:副词"都"没有三个义项,只有两个义项,分别为范围副词和语气副词,而一般认为的作时间副词的义项应归入语气副词之中。张谊生(2004)❻认为汉语只有两个"都":一个是表示总括全量的范

❶ 王力.中国现代语法[M].北京:商务印书馆,1985:133.

❷ 吕叔湘.中国文法要略[M].北京:商务印书馆,1993.

❸ 朱德熙.语法讲义[M].北京:商务印书馆,1984:195.

❹ 吕叔湘.现代汉语八百词[M].北京:商务印书馆,1980:177.

❺ 王红.对副词"都"的句法、语义、语用分析[D].广州:暨南大学,2000:1.

❻ 张谊生.现代汉语副词探索[M].上海:学林出版社,2004:118.

围副词，一个是强调主观情态的语气副词；而且，这两个"都"之间存在一脉相承的内在联系。他还提出时间副词"都"实际上只是语气副词"都"的一种特殊的用法而已。还有一种观点认为"都"只有一个。蒋严（1998）[1]认为，从语用理论上讲，只有一个"都"，不存在几个"都"的语义。

关于"都"的义项，目前主要可分为三种：第一种以吕叔湘（1980）[2]为代表，把"都"分为三类：（1）表示总括，属范围副词；（2）表示"甚至"，属语气副词；（3）表示"已经"，属时间副词。第二种把"都"分为两类：（1）表示总括，属范围副词；（2）表示"强调"，属语气副词。第三种将"都"分为一类：表示总括。

三、"都"的语义功能及逻辑性质

"都"的语义功能到底是什么？"都"的语义特点是什么？要回答这些问题，首先要对"都"进行一系列的研究。关于这类问题，前人也做了不少的研究，可以通过查阅各种相关的研究文献，看看前人对"都"的语义研究，取得了什么样的成果，从而得出自己的结论。

关于"都"的语义研究，语法学界已有较多的论述，可以将前人的研究大致分为以下两类。

第一，关于"都"的基本意义方面。

"都"的语义内容一直是汉语语法学界关注的问题，特别是表总括义的"都"，对此，前辈专家们已有许多论述。黎锦熙（1954）[3]认为"都"是表"统括"的副词；高名凯（1948）[4]称"都"为表"全体"的率词；王力（1985）[5]

---

[1] 蒋严.语用推理与"都"的句法/语义特征［J］.现代外语，1998（1）.

[2] 吕叔湘.现代汉语八百词［M］.北京：商务印书馆，1980：177.

[3] 黎锦熙.新著国语文法［M］.北京：商务印书馆，1954：142.

[4] 高名凯.汉语语法论［M］.北京：商务印书馆，1948：481.

[5] 王力.中国现代语法［M］.北京：商务印书馆，1985：133.

认为"都"是表示"全范围"的范围副词；吕叔湘（1993）❶称"都"为"概括词"；丁声树等（1961）❷认为"都"是表总括的范围副词；朱德熙（1984）❸认为"都"是表示"标举"的范围副词。在以上各位专家的论述中，对"都"进行释义所用的术语虽不相同，但意思其实是一样的，观点比较一致，即都认为它是表示总括全部的范围副词。可以说大家基本上都认为"都"是一个范围副词。

关于"都"的基本意义，国内语法学界一般的说法是表示总括。吕叔湘（1980）❹明确指出："表示总括全部。除问话外，所总括的对象必须放在'都'前。问话时总括的对象放在'都'后。"《现代汉语词典》的解释是："表示总括，除疑问句外，所总括的成分放在'都'前。"戴悉心（2010）❺明确指出："'总括'义是'都'的核心意义。"

吕叔湘、朱德熙都没有给"总括"下定义，但有的语法学家注意到这个问题，王还指出："一般词典给'都'的定义是'总括全部'。这很容易使人认为'都'是表示复数事物的全体，把这些事物看为一个总体。"她以"我们都送了花圈"为例，证明"都"用在复数的事物上时，表示"其中的每一个"。所以她认为"都"是指"事物的每一个"而不是指全体。❻徐颂列把"总括"分为"统指""逐指""任指"三种。所谓"统指"，是指现代汉语中从总体上指称一定范围内的全部对象。不管统指的对象是由类分子组成的事物类，还是由部分组成的不可分的整体，统指都是从总体上去指称的。所谓的"逐指"，是指现代汉语中周遍地逐个指称单个对象。逐指所指称的对象总是可数的。所谓的"任指"，是指现代汉语中指称一定范围的任意对象。任指的对象也总

❶ 吕叔湘.中国文法要略［M］.北京：商务印书馆，1993：144.

❷ 丁声树，等.现代汉语语法讲话［M］.北京：商务印书馆，1961：183.

❸ 朱德熙.语法讲义［M］.北京：商务印书馆，1984：195.

❹ 吕叔湘.现代汉语八百词［M］.北京：商务印书馆，1980：177.

❺ 戴悉心."都"与汉语相关量化问题研究［D］.北京：北京语言大学，2010.

❻ 王还.再谈谈"都"［J］.语言教学与研究，1988（2）.

是可数的。❶ 项晓霞指出，"总括"反映的是"都"与它的作用对象（总括对象）之间的语义关系。❷ 周小兵、王宇指出，"都"的所谓总括，实际上是强调对象的每一个都能跟谓语部分相配。❸

现代句法、语义理论的一种观点认为"都"是个量化副词。汉语描写语法一般把"都"定义为范围副词。这两种对"都"的定义，只是术语不同，其实并没有区别，"总括"实际上是全称量化。

由此看来，语法学界对"都"的基本意义的看法是不一致的，但大多数比较认同"都"是表示总括的这一观点。

第二，关于"都"的逻辑性质方面。

除了语义功能方面，关于"都"的逻辑性质在以往的研究中也有论及。很多学者从不同的角度进行分析，得出不同的解释方案。有的学者从形式语法和形式语义学的角度，来讨论"都"的语义功能和逻辑性质。形式语义理论与传统研究一样，认为"都"的句法性质是副词，但对于"都"的语义性质，则各家观点都有所不同。袁毓林认为"都"主要的语义功能是加合性，即对一组的最小事件进行加合操作，从而表示一个复数性的事件；至于"都"字句的总括性意义和分配性意义，都是由"都"的加合性语义功能造成的附带效应。❹ 黄师哲（1996）❺认为"都"是一个加合算子，它以事件变量作为其论元，为一个针对事件的加合算子。戴悉心（2010）❻以林克（1983）❼和兰德曼

---

❶ 徐颂列. 表总括的"都"的语义分析［J］. 语言教学与研究，1993（4）.

❷ 项晓霞. 副词"都"的语义指向及相关句法语义问题［J］. 中共南京市委党校南京市行政学院学报，2003（6）.

❸ 周小兵，王宇. 与范围副词"都"有关的偏误分析［J］. 汉语学习，2007（1）.

❹ 袁毓林. "都"的加合性语义功能及其分配性效应［J］. 当代语言学，2005（4）.

❺ Huang, Shi-Zhe. Quantification and Predication in Mandarin Chinese： A Case Study of Dou［D］. Phd. dissertation，University of Pennsylvania，1996：39.

❻ 戴悉心. "都"与汉语相关量化问题研究［D］. 北京：北京语言大学，2010：58.

❼ Link， G. The Logical analysis of Plurals and Mass terms: A Lattice-theoretical Approach'［M］// Paul P. and B.H.Partee（eds.）. Formal Semantics: the essential readings. Oxford: Blackwell，1983：321.

（1989）❶的语义复数化理论为基础，将"都"处理为表示语义复数化运算的 Dou 算子，它使谓词 P 成为 *P，并分配性地应用到量化名词词组 NP 所表示的集合中。潘海华（2006）❷认为"都"是全称量化算子，并提出了确定"都"的三分结构的两条映射原则。

综上所述，可以发现语法学家对"都"的定性有不同的看法，但值得注意的是，在一般的汉语教程都把"都"归为范围副词，这也是值得探讨的一个问题。

四、"都"的约束对象

黄瓒辉（2004）❸认为，"不是任何成分都能成为'都'的约束对象，'都'的约束对象有特定的要求"。王还（1983）、❹兰宾汉（1988）、❺王红（1999）、❻张谊生（2003）、❼袁毓林（2012）、❽赫琳（2009）❾都指出："都"的约束对象必须是具有复数意义的。

王还（1983）❿指出"都"所指的事物必是复数的。"我把那个馒头都吃了"，一个馒头之所能说"都吃了"是因为"馒头可以分成几个小的单位来吃"。兰宾汉（1988）⓫指出，不管"都"总括的对象在前还是在后面，"都"一般都是对复数事物的总括。如果所总括的对象是单数，则此单数事物在语

---

❶ Landman, F. The Handbook of Contemporary Semantic Theory［M］. Oxford: Blackwell, 1989.

❷ 潘海华.焦点、三分结构与汉语"都"的语义解释［M］//语法研究和探索（十三）.北京：商务印书馆，2006：181.

❸ 黄瓒辉.量化副词"都"与句子的焦点结构［D］.北京：北京大学，2004.

❹ 王还."All"与"都"［J］.语言教学与研究，1983（4）.

❺ 兰宾汉.副词"都"的语义及其对后面动词的限制作用［J］.语言教学与研究，1988（2）.

❻ 王红.副词"都"的语法意义试析［J］.汉语学习，1999（6）.

❼ 张谊生.范围副词"都"的选择限制［J］.中国语文，2003（5）.

❽ 袁毓林.汉语句子的焦点结构和语义解释［M］.北京：商务印书馆，2012.

❾ 赫琳.现代汉语副词语义指向及其计算机识别研究［M］.北京：中国社会科学出版社，2009.

❿ 王还."All"与"都"［J］.语言教学与研究，1983（4）.

⓫ 兰宾汉.副词"都"的语义及其对后面动词的限制作用［J］.语言教学与研究，1988（2）.

义上要受一定的限制。王红（1999）❶指出，凡是可以用"都"的单数事物，虽是一个完整个体，但在我们的意识中都是可以再分割成小的单位，可以用"都"来总括。赫琳（2009）❷认为，作为"都"语义指向的对象，必须具有复数性质，这种复数性质或者体现为事物自然属性上的实际常态集合（词语在形式上往往有复数的标志）或者体现为事物虽个体但在意识上可以切分成若干更小的单位。袁毓林（2012）❸认为，"都"所总括的对象必须是一个语意上的复数性成分，它所指称的对象是一个由若干元素（elements）组成的集合（set）。语义上的复数性成分，在语法形式上可以是复数性的，也可以是单数性的。另外，关于"都"语义指向对象的复数性条件，张谊生（2003）❹和董秀芳（2002）❺认为"都"的约束对象必须是有定性的 NP。

关于"复数性质"的研究，王红（2000）❻指出：汉语的事物没有单数复数之分，所以在汉语中表示复数的意义主要是通过词尾"们""每个""所有"和数量词，当没有这些标记时，句中名词的量往往具有不定性。但是如果句中出现范围副词"都"，它就给它所指向的名词赋予了复数的性质。有的学者将"复数性质"细化为三个方面来论证范围副词"都"义指向的制约条件。如项晓霞（2003）❼和李军（2010）❽认为"都"某一成分在语义上必须满足下述三项条件之一，才可能成为"都"的语义指向对象，即多数意义、周遍意义和整体意义。

综合上文分析可以看出，语法学界公认"都"的约束对象必须具有定性和复数性。

❶ 王红.副词"都"的语法意义试析［J］.汉语学习，1999（6）.

❷ 赫琳.现代汉语副词语义指向及其计算机识别研究［M］.北京：中国社会科学出版社，2009.

❸ 袁毓林.汉语句子的焦点结构和语义解释［M］.北京：商务印书馆，2012.

❹ 张谊生.范围副词"都"的选择限制［J］.中国语文，2003（5）.

❺ 董秀芳."都"的指向目标及相关问题［J］.中国语文，2002（6）.

❻ 王红.对副词"都"的句法、语义、语用分析［D］.广州：暨南大学，2000：3.

❼ 项晓霞.副词"都"的语义指向及相关句法语义问题［J］.中共南京市委党校南京市行政学院学报，2003（6）.

❽ 李军."都"的句法语义研究综述［J］.学习月刊，2010（8）.

五、"都"的句法特点

孟艳华、王健（2004）❶指出，范围副词"都"出现的位置应该是在主语性成分的后边，谓语性成分的前边，并和其后的谓语性成分一起组成一个复杂的谓语成分。

罗伶俐（2004）❷指出，范围副词"都"在句中的位置一般是位于谓语中心语前，如果有否定副词，则位于否定副词前，在"都"之前或之后一般会出现一个表示复数的NP。

袁毓林（2012）❸指出："都"的句法位置比较单纯，只能位于谓语核心之前，主语或话题之后。并且，在"都"字句中，最主要的构成有三个：（1）副词"都"（记作dou）；（2）"都"所修饰的谓词性成分（记作VP）；（3）"都"所总括的体词性成分（记作NP）。整个"都"字句可以简略地记作："NP+dou+VP"。

综合上文分析可以看出，关于"都"的句法位置，学界基本上公认"都"出现的位置是在谓词成分的前边，但很少谈到"都"搭配使用的问题，尤其是前边出现了总括性的表述，后面出现了"都"。

六、"都"的语义指向

关于"都"的语义指向问题，大部分都集中在"都"的量化方向上，也就是说"都"能不能右向量化。有的学者认为"都"只能前指，不能后指。有的认为"都"可以前指，也可以后指。

---

❶ 孟艳华，王健.范围副词"都"的位置考察［J］.语文学刊，2004（6）.
❷ 罗伶俐.浅析副词"都"在句中的语义功能［J］.广州广播电视大学学报，2004（4）.
❸ 袁毓林.汉语句子的焦点结构和语义解释［M］.北京：商务印书馆，2012：42.

　　吕叔湘（1980）、❶马真（1983）、❷项晓霞（2003）、❸詹卫东（2004）、❹周颖（2008）❺都认为"都"的语义指向可以前指，也可以后指。吕叔湘（1980）❻指出"都"表示总括全部。除问话以外，所总括的对象必须放在"都"前。问话时总括的对象放在"都"后。马真（1983）❼专门讨论"都"的总括对象居右的用法，总结出七种"都"的右向量化形式，还指出在这七种之中，其中四种的作用对象为非疑问形式。项晓霞（2003）❽考察总括副词"都"的语义指向，认为它一般前指，在一定条件下可以后指。詹卫东（2004）❾认为"都"可以指向它前面的成分，也可以指向它后面的成分，在疑问句中"都"一定指向它后面的疑问词。周颖（2008）❿认为"都1"表总括。"都"所总括的对象一般在它的前面，也可以放在它的后面。"都2"表强调。它的所指对象也是既可以放在它的前面又可以放在它的后面。"都3"相当于"已经"，句末常用"了"。这时它指向的对象一般在它的后面，不出现在它的前面。而袁毓林（2005）⓫和蒋严（1998）⓬都认为"都"只能前指。

　　还有一个问题就是"都"的语义指向成分的问题，前人也有不少相关研

❶ 吕叔湘.现代汉语八百词［M］.北京：商务印书馆，1980：177.

❷ 马真.关于"都/全"所总括的对象的位置［J］.汉语学习，1983（1）.

❸ 项晓霞.副词"都"的语义指向及相关句法语义问题［J］.中共南京市委党校南京市行政学院学报，2003（6）.

❹ 詹卫东.范围副词"都"的语义指向分析［J］.汉语学报，2004（1）.

❺ 周颖.副词"都"的语义指向和歧义［J］.现代语文，2008（3）.

❻ 吕叔湘.现代汉语八百词［M］.北京：商务印书馆，1980：177.

❼ 马真.关于"都/全"所总括的对象的位置［J］.汉语学习，1983（1）.

❽ 项晓霞.副词"都"的语义指向及相关句法语义问题［J］.中共南京市委党校南京市行政学院学报，2003（6）.

❾ 詹卫东.范围副词"都"的语义指向分析［J］.汉语学报，2004（1）.

❿ 周颖.副词"都"的语义指向和歧义［J］.现代语文，2008（3）.

⓫ 袁毓林."都"的加合性语义功能及其分配性效应［J］.当代语言学，2005（4）.

⓬ 蒋严.语用推理与"都"的句法/语义特征［J］.现代外语，1998（1）.

究,看法也不完全相同。项晓霞(2003)❶认为"都"可以指向的句法成分有主语、状语和宾语。王红(2000)❷认为"都"可以指向主语、状语、宾语、复句中的分句。罗伶俐(2004)❸认为"都"可以指向主语、宾语、状语和定语。詹卫东(2004)❹将"都"指向成分分为10类:(1)指向普通名词性短语、重叠形式、量化短语、体词性代词、"的"字结构等;(2)指向时间词性短语;(3)指向处所词语;(4)指向动词性短语、谓词性代词;(5)指向形容词性短语;(6)指向小句;(7)指向时间副词;(8)指向介词短语;(9)指向零形成分;(10)指向非连续成分。赫琳(2009)❺认为"都"可以指向主语、状语、宾语、零指向、含有疑问代词的句式。

总之,前人主要是从句法成分来概括"都"的语义指向的,大都认为"都"可以指向的句法成分有主语、状语和宾语。

七、"都"的语用特征

蒋严(1998)❻认为"都"的作用对象的界定是一个集句法、语义和语用为一体的综合过程,并提出在引入了预设这个概念之后,"都"的对象已不能完全凭语句的表面层次来判断。

徐以中、杨亦鸣(2005)❼指出,副词"都"有"元语"和"非元语"两种用法,"都"的语义既有"客观性"又有"主观性"。另外,他们从语用前提和"都"的主观性和客观性等不同的层面对含"都"的字句的歧义进行了

❶ 项晓霞.副词"都"的语义指向及相关句法语义问题[J].中共南京市委党校南京市行政学院学报,2003(6).

❷ 王红.对副词"都"的句法、语义、语用分析[D].广州:暨南大学,2000:5.

❸ 罗伶俐.浅析副词"都"在句中的语义功能[J].广州广播电视大学学报,2004(4).

❹ 詹卫东.范围副词"都"的语义指向分析[J].汉语学报,2004(1).

❺ 赫琳.现代汉语副词语义指向及其计算机识别研究[M].北京:中国社会科学出版社,2009:196–203.

❻ 蒋严.语用推理与"都"的句法/语义特征[J].现代外语,1998(1).

❼ 徐以中,杨亦鸣.副词"都"的主观性、客观性及语用歧义[J].语言研究,2005(3).

分析。

张谊生（2003）❶从主观小量和主观大量、有定指称与有界表述、泛称类指和统称类指三个方面探讨了"都"的语用制约。

孟凡铃（2008）❷指出：在表达主观量大小时则强调说话人主观认为量大或量小，表达说话人或听话人的期待量与实际量不符的一种不同于心理预期的情况。如"我都吃三碗了"，表达说话者的期待量小于三碗，而实际量是"三碗"，所以"都"表达主观大量。"我都26岁了"，表达听话者认为"我"年龄小于26岁，而实际上"我"年龄已经26了，表达主观大量。

综合上文分析可以看出，关于"都"的语用研究，大都是从主观量、定指、有界、无界来研究的。

第二节 "都"在二语教学中的研究

在二语教学中的研究，主要集中在"都"与第二语言的对比和偏误分析两个方面，关于这两方面内容的研究可以分为三类。

首先，针对普遍意义上的留学生方面。"都"的偏误分析的研究，解燕勤（2005），❸周小兵、王宇（2007），❹杨阳、袁伟（2010），❺孙旭虹（2010）❻等归纳出"都"的偏误类型主要有四种：遗漏、错序、误加、误代。解燕勤（2005）❼以"都"为例对200篇HSK（高级）作文考试进行考察，通过调查发

---

❶ 张谊生. 范围副词"都"的选择限制［J］. 中国语文，2003（5）.

❷ 孟凡铃. 副词"才"、"就"、"都"的主观量研究［D］. 大连：辽宁师范大学，2008：4.

❸ 解燕勤. 留学生学习汉语副词"都"的偏误分析及思考［J］. 昆明师范高等专科学校学报，2005（1）.

❹ 周小兵，王宇. 与范围副词"都"有关的偏误分析［J］. 汉语学习，2007（1）.

❺ 杨阳，袁伟. 越南留学生习得"都"的偏误分析［J］. 现代语文，2010（4）.

❻ 孙旭虹. 韩国留学生现代汉语副词"都"的习得情况研究［D］. 广州：广州大学，2010：59.

❼ 解燕勤. 留学生学习汉语副词"都"的偏误分析及思考［J］. 昆明师范高等专科学校学报，2005（1）.

现很多学生对"都"的基本义项可以掌握。但是对于派生义了解甚少，甚至不敢尝试；还发现留学生对汉语副词"都"的使用偏误集中于表示范围（总括）的"都"。导致偏误的原因在于留学生都只使用"都"字的基本义而回避使用表示语气的义项。在教学方面，解燕勤认为：在对外汉语教学中对副词的语义和语用的教学应该引起高度重视，尤其是对常用副词的常用义项的教学，更应该本着循序渐进的原则，让学生全面掌握副词在具体交际中的差别。学会根据表达的需要选择得体、恰当并符合中国人表达习惯的词语，帮助学生更好地了解和掌握汉语。周小兵、王宇（2007）[1]考察了留学生学习汉语时产生的偏误类型和成因，讨论了"都"的使用条件及相应的教学策略，发现范围副词"都"的使用条件有五种情况，发现"都"使用的强制性：强制性越强，难度越低；强制性越弱，难度越高。关于逐指的清晰度：逐指越清楚，难度越低。周小兵、王宇提出教学时应该讲清"逐指"这一语义，并将用"都"的句子按逐指方式分解成单句，学生会掌握得更好，偏误会出现得少些。还提出在教学实践中要尽量设计多种语境的例句，分层次、有侧重点地输入，让学生由易到难地学习和掌握"都"的用法。值得注意的是，这两篇文章没有针对哪一国家的留学生做相关调查，所以语料缺乏针对性，也不利于偏误的原因分析，很难解决汉语教学中存在的一些问题。

其次，针对具体国别的留学生方面。杨阳、袁伟（2010）[2]对母语为越南语的留学生做了问卷调查，发现越南留学生对"都"语气副词用法的无意回避率最高；越南留学生使用"都"的偏误类型中，遗漏概率最高，而且主要是语气副词和时间副词用法的遗漏，从"都"的遗漏率就能说明留学生对"都"的用法确实存在很大的问题；范围副词"都"的错序率最高，说明范围副词"都"的句法位置对于越南留学生来说是一个难点。越南留学生对"都"造成误加偏误的原因主要是对"都"总括用法的泛化。孙旭虹（2010）[3]考察

[1] 周小兵，王宇.与范围副词"都"有关的偏误分析［J］.汉语学习，2007（1）.
[2] 杨阳，袁伟.越南留学生习得"都"的偏误分析［J］.现代语文，2010（4）.
[3] 孙旭虹.韩国留学生现代汉语副词"都"的习得情况研究［D］.广州：广州大学，2010：91.

韩国留学生副词"都"的习得情况，主要研究韩国留学生这八种句式的习得顺序、习得过程，对"都"进行偏误分析并提出"都"的对外汉语教学建议，还涉及这八种句式的分析以及"都"在对外汉语教材中的分布情况。通过研究发现，在四种类型的偏误当中，"都"的遗漏偏误是最常见的，"都"的偏误的产生，最重要的原因是母语负迁移、目的语的干扰以及教学的影响，最后还对韩国留学生出现的"都"的偏误情况，提出教学建议。这两篇文章的特点比较有针对性，有利于促进国别化的教学。

最后，关于"都"与第二语言的对比方面。这方面的研究主要集中在汉语和英语的对比。王还（1983）❶对比了"All"与"都"的用法。指出"all"分属四种词性：形容词、副词、代词和名词，但"都"本身就是副词。"all"的用法比较特别，"all"用于三个或三个以上的事物，而汉语的"都"用于两个或两个以上的事物。赵永新（1980）❷发现"都"和"all"无论是在词性、语义方面，还是在语法功能和词语在句中的位置，相同的地方少，相异的地方多。在教学中，对这些异同点，可以采用翻译和分析对比的方法。这样才能增强学生对汉语词汇的理解，避免或少犯语法错误。刘琰（2012）❸指出"都"是副词，"all"除了副词外，还有形容词、代词、名词等多种词性。汉语中的"都"和英语中的"all"都作副词，并且用来修饰动词、形容词和副词作状语，这一点它们在语法功能上是相同的。"都"一般放在动词和焦点信息前。"all"一般放在动词后或复合动词中间。汉语的"都"和副词"也"一起使用时，必须将"也"放在"都"前。英语的"all"和副词"too"连用，但"too"一般在句尾。汉语的"都"与否定副词连用，否定词用于"都"前，表示否定的只是一部分，用于"都"后，表示全部否定。但英语不能像汉语那样通过改变否定词在"all"前后的位置来表示全部否定。

除了汉语和英语的对比之外，还有一些文章谈到汉语和其他语言的对比。

---

❶ 王还."All"与"都"［J］.语言教学与研究，1983（4）.

❷ 赵永新.谈汉语的"都"和英语的"all"［J］.语言教学与研究，1980（1）.

❸ 刘琰.浅析"ALL"与"都"［J］.北方文学，2012（3）.

许瑞祥（1987）❶指出"都"是个表示范围的副词，维吾尔语里"hemma"本身是个代词，且常常替代名词和形容词。在语义方面，虽然"都"和"hemma"的词性不同，但二者均有"总括全体"的意思。在语法功能上，"都"的基本功能是作状语，修饰动词、形容词或其他副词和词组，还可以修饰数量词。"hemma"的语法功能是作主语、作谓语、作宾语、作定语。维吾尔族学生在汉语学习中出现的有关"都"在用法上的错误，绝大多数属于有理性错误，无理性错误较少。这说明发生错误的原因不是学习者的盲目性所致，而是在积极的思维过程中产生了误解。吴闲荣（2011）❷对"都"在韩语中的对应情况作比较研究，发现"都1"在韩语中一般用（da/modu）来表达，"都1"可以出现在统指、逐指、任指三种情况。但（da/modu）只能和表示统指的词共现。"都2"在韩语中可以用（do）来表达。"都3"可以用（da/modu）来表达。

综合上文分析可以看出，关于"都"在二语教学中的研究不是很多，而且没有出现针对泰国汉语教学"都"的研究的论文。下面先探讨泰国学生汉语习得的研究现状，再探讨泰国汉语教学中"都"的偏误研究。

一、泰国学生汉语习得研究现状

在泰国，有关对外汉语方面的研究越来越受到人们的关注，近年来关于这方面的研究也越来越多。本书对泰国学生汉语习得研究的情况进行了考察，并对相关的研究内容进行了一些简单的统计及对比。资料的来源主要涉及以下三个方面：（1）北京语言大学图书馆；（2）中国博士和硕士学位论文数据库（来自 CNKI）；（3）泰国朱拉隆功大学图书馆网。共检索到2000 ～ 2012 年发表的有关泰国学生汉语习得研究的论文，分别为博士论文、硕士论文和期刊论文，共 113 篇，根据博士论文、硕士论文和 CNKI 的分类，

❶ 许瑞祥 . 汉语的 "都"和维语的 "hemma"［J］. 中央民族学院学报，1987（1）.
❷ 吴闲荣 . 关于汉语副词 "都"的研究［D］. 上海：复旦大学，2011：50.

来探讨泰国学生汉语习得研究的情况,见表2-2。

表2-2 泰国学生汉语习得研究成果分类对比

(篇)

	博士论文	硕士论文	期刊论文	总数
中国	2	87	24	113
泰国	0	0	0	0
总数	2	87	24	113

根据表2-2可以看出,泰国学生汉语习得研究的成果以硕士论文居多,共87篇,其次是期刊论文24篇,博士论文2篇,值得注意的是,在泰国目前还没有与汉语习得研究相关的论文。另外,从上面的统计情况来看,可以发现针对泰国学生汉语习得的研究大多数是硕士论文,这表明目前这方面研究的深度还有待提高。

1. 2000 ～ 2012年泰国汉语习得研究成果数量比较

从2000 ～ 2012年所检索的资料来探讨泰国汉语习得研究的状况,参见表2-3。

表2-3 2000 ～ 2012年中泰两国汉语习得研究成果数量对比

(篇)

	2000	2004	2005	2006	2007	2008	2009	2010	2011	2012
中国	1	4	4	8	6	12	10	17	24	27
泰国	0	0	0	0	0	0	0	0	0	0
总数	1	4	4	8	6	12	10	17	24	27

由表2-3可以看出,2000 ～ 2003年,关于泰国汉语习得方面的研究只有1篇论文。不过,十多年来这方面的研究成果数量总体呈上升状态,而且值得注意的是,自2010年以来,泰国汉语习得研究受到的重视有了明显的提高。

2. 泰国汉语习得研究的不同范围的比较

为了更深入地了解泰国学生汉语习得研究现状,下面从语音、词汇、语法等方面来探讨泰国学生汉语习得研究的现状。

如表 2-4 所示，在泰国汉语习得研究语言层面中，总体来看可以发现语法研究方面所占的比率最高，共有 80 篇；词汇研究最少，仅有 4 篇。分别看泰国汉语习得研究在各个具体语言层面的研究情况，可以发现泰国汉语习得研究主要以语法为主，且无论在博士论文、硕士论文还是期刊论文中，关于语法的研究比例都是最高的。

表 2-4　泰国汉语习得研究论文

（篇）

	语音	词汇	语法	文字
博士论文	0	0	2	0
硕士论文	16	4	61	6
期刊论文	7	0	17	0
总数	23	4	80	6

二、对外汉语语法偏误研究综述

随着汉语作为第二语言教学研究的拓展与深入，偏误研究也随之得到快速发展。偏误分析是汉语作为第二语言教学中的一个重要课题，也是近年来研究的一个热点问题。❶ 起步阶段，科德（Corder）发表了一系列偏误分析的文章，偏误分析成为研究学习者习得过程的重要手段和方法，成为观察学习者习得过程的窗口。因此，科德关于偏误分析的文章成为第二语言习得研究的起点，偏误分析也成为应用语言学研究领域公认的一部分。❷

关于语法偏误的研究，可分为三大类：（1）是对语法偏误现象做一个总体研究；（2）是词类偏误分析；（3）是句型偏误分析。

首先，对语法偏误现象做一个总体研究。鲁健骥（1994）❸ 以偏误分析理论为依据，探究初学汉语的外国人的语法偏误在各种语法形式上的表现，以

❶　李苗幽.基于学习策略的汉语作为第二语言语法偏误研究［D］.福州：福建师范大学，2011：5.

❷　王建勤.第二语言习得研究［M］.北京：商务印书馆，2009：24.

❸　鲁健骥.外国人学汉语的语法偏误分析［J］.语言教学与研究，1994（1）.

及学习策略与教学失误对语法偏误产生的影响，并按偏误的性质把它们分为遗漏、误加、误代和错序四大类。以偏误的四种类型为基本框架，对外国人学汉语的语法偏误进行分析。李大忠（1999）[1]结合心理学知识，探讨外国人学汉语过程中偏误产生的深层原因。肖奚强（2001）[2]从偏误用例的选取、偏误用例的分类和偏误用例的分析三个方面讨论偏误分析的基本原则。赵金铭（2002）[3]运用"最小差异对"的观点，对这些错句进行分类，进而找出正确句与错误句的最小的本质差异，并在此基础上，将语法错句排出了等级序列。朱其智、周小兵（2007）[4]从五个方面入手：真偏误和假偏误，偏误与失误，显性偏误和隐性偏误，语义、语篇和语用偏误，整体性偏误和局部性偏误，对汉语作为外语学习中的语法偏误进行分类考察。结合汉语作为外语教学和习得的实际情况，分析不同偏误的性质特点、产生原因和处理方法。

其次，词类偏误分析。崔希亮（2005）[5]以汉语中介语语料库为根据，对欧美学生习得汉语介词进行研究，发现欧美学生使用介词规律。如欧美学生汉语介词的使用频率明显高于日本和朝韩学生，也高于母语人群，而欧美学习者彼此之间在使用汉语介词的总体水平上相当接近；欧美学习者汉语介词的偏误情况与日朝韩学习者大致相同，只是介词单项之间的差异没有日朝韩学生大。在偏误类型上，其将出现的偏误分成九种类型，并针对学习者的语言偏误倾向提出教学建议。袁毓林（2005）[6]从中介语语料库中抽取出来的近100个跟"不"的意义或用法偏误相关的句子为对象，通过对它们逐个进行分析。她将句法方面偏误的句子分成九个小类进行分析，并提出出现偏误的原因。

最后，句型偏误分析。肖奚强（2005）[7]通过自然语言和中介语中的"除了"句式的构成、表义手段及其下位句式的使用频率，分析中介语的正误用例，

[1] 李大忠.偏误成因的思维心理分析［J］.语言教学与研究，1999（2）.

[2] 肖奚强.略论偏误分析的基本原则［J］.语言文字应用，2001（1）.

[3] 赵金铭.外国人语法偏误句子的等级序列［J］.语言教学与研究，2002（2）.

[4] 朱其智，周小兵.语法偏误类别的考察［J］.语言文字应用，2007（1）.

[5] 崔希亮.欧美学生汉语介词习得的特点及偏误分析［J］.世界汉语教学，2005（3）.

[6] 袁毓林."都"的加合性语义功能及其分配性效应［J］.当代语言学，2005（4）.

[7] 肖奚强.外国学生"除了"句式使用情况的考察［J］.语言教学与研究，2005（2）.

并提出 "除了" 句式的教学分级。赵金铭（2006）[1]通过对北京语言大学 "汉语中介语语料库" 中外国学习者差比句偏误的分析、比较，从语言类型学的视野考察差比句偏误的类型学意义，从而探讨外国学习者汉语差比句偏误中所反映的语言共性问题。

综上不难看出，语法的偏误研究越来越细致，越来越有针对性，而且在研究方法上呈现出多样化和科学化的趋势。

三、泰国有关汉语 "都" 的偏误研究

在中国，专门针对泰国学生习得汉语副词 "都" 的研究目前尚未涉及，但也有一些有关泰国学生习得汉语的偏误分析的硕士论文，其中谈到了泰国学生使用 "都" 的偏误。例如，胡永梅[2]在《泰国学生汉语习得偏误现象解析》中指出就泰国学生而言，遗漏偏误在口语练习中出现的频率最高，泰国学生省略不该省略的副词。尤其是汉语 "都"，该用 "都"，反而不用。例如：

（1）＊你去哪儿？所有超市关门了。

  你去哪儿？所有超市**都**关门了。

（2）＊房间里的所有鞋子是她的。

  房间里的所有鞋子**都**是她的。

（3）＊所有的朋友说我帅，我很开心。

  所有的朋友**都**说我帅，我很开心。

李婷媛[3]在《泰国宋卡王子大学学生汉语学习偏误分析调查与研究》中指出：副词 "也" 和 "都" 的混用，主要是初中级的学生易犯。例如：

（4）＊每个国家**也**不同意汉武帝的方法，不帮助中国打败匈奴。

  每个国家**都**不同意汉武帝的方法，不帮助中国打败匈奴。

---

[1] 赵金铭.从类型学视野看汉语差比偏误［J］.世界汉语教学，2006（4）.

[2] 胡永梅.泰国学生汉语习得偏误现象解析［D］.济南：山东大学，2008：15.

[3] 李婷媛.泰国宋卡王子大学学生汉语学习偏误分析调查与研究［D］.昆明：云南大学，2010：38.

（5）★我们谁也知道中国长城。

我们谁**都**知道中国长城。

李婷媛认为泰国学生出现这样的偏误，主要是泰国学生忽略了主语或宾语和副词的照应，主语或宾语用了周遍性的词语，副词就要用"都"来呼应。另外，她还发现有时泰国学生虽然用对了副词，但在句中尤其是在主谓谓语句中的副词错位也会造成偏误。例如：

（6）★每天**都**我骑摩托车去学校。

每天我**都**骑摩托车去学校。

朱华[1]在《泰国学生关联词习得偏误分析及教学刍议》中指出，泰国学生"无论／不论／……都……"句式的偏误，主要是泰国学生用"无论／不论／不管……都……"句式时，往往不满足"不论／不管……都……"句式的使用条件，因此产生偏误。例如：

（7）★无论他不会做饭，都他常常吃方便面。

无论他**会不会**做饭，他都常常吃方便面。

（8）★不论我们做得对，老师都不会批评我们的。

不论我们做得**对不对**，老师都不会批评我们的。

另外，朱华还指出泰国学生用"就"误代了"都"。例如：

（9）★无论天气好不好，我们就要去家乐福。

无论天气好不好，我们**都**要去家乐福。

齐悦[2]在《汉语作为对泰二语教学中的条件关联词偏误及对策研究》中指出：泰国学生"无论／不论／不……都……"句式的偏误，因为这些偏误句都不符合"无论／不论／不管……都……"的使用条件，所以产生偏误。例如：

（10）★无论学习汉语有很多困难，我都不会放弃。

无论学习汉语有**多少**困难，我都不会放弃。

---

[1] 朱华.泰国学生关联词习得偏误分析及教学刍议［D］.广州：暨南大学，2011：6.

[2] 齐悦.汉语作为对泰二语教学中的条件关联词偏误及对策研究［D］.桂林：广西师范大学，2012：20.

（11）★不论环境不好，我们每年都种树，树多了，空气就会好。

不论环境**好不好**，我们每年都种树，树多了，空气就会好。

姚金玲❶探讨了泰国学生汉语"都"和"也"的混用。例如：

（12）★今年我是清迈皇家大学汉语专业三年级的学生了。快要考试了，

我学习很忙，天天也有很多作业。

今年我是清迈皇家大学汉语专业三年级的学生了。快要考试了，

我学习很忙，天天**都**有很多作业。

（13）★还有一种菜我很喜欢吃就是北京烤鸭。我知道谁也认识北京烤鸭。

还有一种菜我很喜欢吃就是北京烤鸭。我知道谁**都**认识北京烤鸭。

泰语"kɔ̂:"可以与汉语"都""就""也"对应，泰国学生把母语中的"kɔ̂:"不分具体情况地一律都翻译为"也"，造成上述句的偏误。

笔者发现在泰国虽然没有专门研究"都"的论文，但有一些硕士论文内容有关泰国学生汉语"都"的偏误。例如，苏萨地（Sussadee Manee-kanchanasing）❷在《朱拉隆功大学文学院汉语专业三、四年级学生发生汉语语法的错误》指出：泰国学生"都"的偏误类型有几种如下：

（14）★我们是朋友，有什么应该互相帮助。

我们是朋友，有什么**都**应该互相帮助。

可见，泰国学生汉语"都"的偏误类型有很多种，有的该用，反而忘了用。有的不该用，反而用了。另外，还有"都"和"就"混用的现象。

彭苏达（Phensuda Chaowanit）在《2000年和2001年朱拉隆功大学文学院汉语专业学生出现汉语语法的错误》❸中指出，泰国学生"都"的偏误类型有几种如下：

---

❶ 姚金玲. 探析泰国学生汉语写作中的母语迁移现象［D］. 南宁：广西民族大学，2008：34.

❷ Sussadee Maneekanjanasing. 朱拉隆功大学文学院汉语专业三、四年级学生发生汉语语法的错误［D］. 朱拉隆功大学，2000.

❸ Phensuda Chaowanit. 2000年和2001年朱拉隆功大学文学院汉语专业学生出现汉语语法的错误［D］. 朱拉隆功大学，2002.

（15）★在看戏的时候，观众鼓掌。

　　　在看戏的时候，观众**都**鼓掌。

（16）★学生热心地参加学校的活动。

　　　学生**都**热心地参加学校的活动。

（17）★每个人向东跑去。

　　　每个人**都**向东跑去。

（18）★曼谷发展得很快，每个人的工作节奏得加快。

　　　曼谷发展得很快，每个人的工作节奏**都**得加快。

（19）★无论什么事情，要准备好。

　　　无论什么事情，**都**要准备好。

（20）★什么事情我能做。

　　　什么事情我**都**能做。

（21）★如果有时间，什么得学一些。

　　　如果有时间，什么**都**得学一些。

（22）★他连一秒不浪费。

　　　他连一秒**都**不浪费。

由以上的例句可见，泰国学生偏误最多就是，该用"都"，反而忘了用。

笔者发现，在中国有很多专家学者专门研究汉语副词"都"，但这个热点问题对泰国的专家学者来说还是一个全新的领域。但在针对泰国学生的偏误分析的论文里，经常会出现与"都"有关的偏误，这已经足以证明"都"的确是泰国学生学习汉语的难点，是个值得更深入研究的问题。

第三节　小　　结

　　前文简要回顾了专家学者研究汉语"都"所取得的主要成果。汉语"都"的研究一直都是一个非常热门的研究课题，很多学者用不同的理论和视野对"都"作了详细的研究。关于"都"的研究现状，可以做出如下总结：（1）大多数研究汉语"都"都集中在范围副词"都"方面，而关于语气副词"都"的研究比较少；（2）"都"的研究角度从单纯的词义探讨发展到三个平面的角度的综合分析；（3）在研究方法上，开始出现借鉴西方语言学理论来研究汉语"都"的现象。（4）值得注意的是，在对"都"的深入研究中，大多数是纵向深入的，而横向研究则相对薄弱。虽然"都"可以作为范围副词、语气副词和时间副词，但是本书认为实际上"都"只有一个，它是表总括的范围副词，其他用法都是在表"总括"的基础上派生出来的。另外，在目前的二语教学方面的研究中，有关"都"的研究主要集中在汉语与英语、韩语的对比上。对泰国汉语教学来说，目前尚未出现对泰国学生习得汉语"都"的研究。也就是说在这方面的研究中，与泰语相关的研究还不够多，结合泰语的研究还是一个很薄弱的环节。在二语教学中，如果不以二语习得的研究为基础的话，就会在一定程度上影响教学的效果。本书在汉语"都"的研究中做出一定的横向拓展，将采取多种研究手段来探讨泰国学生学习汉语"都"的问题。

第三章 汉语"都"与泰语相关用法的对比研究

母语负迁移是第二语言习得的主要障碍,第二语言学习者普遍依赖已经掌握的母语,将母语的语言形式、语义以及与母语相联系的文化因素迁移到目的语中。母语对第二语言学习,尤其是身在异国他乡的留学生有着非常重要的影响,泰国学生也不例外。在使用时,泰国学生最容易做的事情就是把泰语的某些用法套用在汉语上,有时会用对,有时也会用错,这尤其体现在泰语与汉语有差异的地方。为了进一步认识泰国学生习得汉语"都"所出现的偏误,下面将汉语"都"和泰语相关的用法进行对比。王力认为:"对外汉语教学,我认为最有效的方法是中外语言的比较教学。"❶ 赵金铭(2012)指出,"偏误研究离不开对比分析"。❷ 汉语"都"的用法与泰语中对应的用法不完全相同,也可能是导致学生出错的原因。本书希望通过对比能更准确地预测出对泰国学生汉语"都"的习得可能产生的影响。

---

❶ 王力.中国现代语法[M].北京:商务印书馆,1985.
❷ 赵金铭.国际汉语教育论文集[C].北京:北京语言大学出版社,2012:268.

第一节　"都"与泰语对应词的性质

关于"都"的基本意义，中国语法学界一般的说法是表示总括。吕叔湘（1980）❶明确指出："表示总括全部。除问话外，所总括的对象必须放在'都'前。问话时总括的对象放在'都'后。"《现代汉语词典》的解释是："表示总括，除疑问句外，所总括的成分放在'都'前。"❷《汉语8000词词典》的解释是："表示总括，所总括的成分一般在前。"❸戴悉心（2010）明确指出："'总括'义是'都'的核心意义。"❹

笔者认同表示总括是"都"的核心语义。但是，"总括"这种说法比较模糊，在对泰国学生进行"都"的教学时，仅用"总括"二字不能清晰地描述出"都"的语义性质。本书旨在汉、泰对比研究的基础上，重新审视"都"的语义功能，期望通过汉泰对比的研究，从语言对比中发现新的语言规律。

根据前人在此方面所论述的理论和观点，可以加深我们对"都"的语义和功能的理解，但同时也会给教师带来困惑。既然"都"的语义性质如此复杂，那么教师应该如何向学生解释"都"的语义？怎样解释才能化难为易？ 泰国学生在学习、理解汉语的时候，常常采取一对一的翻译法，用泰语中相对应的词语来理解汉语的词语，甚至把两者的意思完全等同看待。很明显，这种学习方法是远远不能学好汉语的。因此，笔者希望通过对比汉语和泰语的异

❶　吕叔湘.现代汉语八百词［M］.北京：商务印书馆，1980：177.

❷　中国社会科学院语言研究所词典编辑室编.现代汉语词典（第五版）［M］.北京：商务印书馆，2011：329.

❸　北京语言大学汉语水平考试中心.HSK中国汉语水平考试词汇大纲汉语8000词词典［M］.北京：北京语言大学出版社，2011：317.

❹　戴悉心."都"与汉语相关量化问题研究［D］.北京：北京语言大学，2010.

同点来找出其中的规律。

如上文所述，"都"的基本意义是"总括"，在泰语中也有类似"都"的词语，如"Tʰáŋ mòt""tʰáŋ nán""tʰáŋ sîn"等，它们均含有"全部"的意思。值得思考的是，它们的意义和性质是否与"都"完全一致？笔者在前人研究的基础上将泰语中的"总括"分为三类。

第一类是总括对象为某一集合中的所有成员，它们均含有"全部""所有"的意思。例如：

（1）พวกเราทั้งหมดเรียนภาษาจีน

pʰûːak raw	tʰáŋ mòt	riːan	pʰaː săː tɕiːn
我们	都	学	汉语

我们都学汉语。

（2）พวกเขาล้วนเป็นคนดี

pʰûːak kʰăw	lúːan	pen	kʰon	diː
他们	都	是	人	好

他们都是好人。

（3）ฉันว่ารูปวาดไทย รูปวาดจีนดีทั้งนั้น（《基础汉语一》第 76 页）

tɕʰăn	wâː	rûːp wâːt	tʰaj	rûːp wâːt
我	说	画儿	泰国	画儿
tɕiːn	diː	tʰáŋ nán		
中国	好	都		

我说泰国画儿、中国画儿都好。

（4）ไม่ใช่ เป็นคนไทยทั้งสิ้น（《基础汉语一》第 90 页）

mâj	tɕʰâj	pen	kʰon	tʰaj	tʰáŋ sîn
不	是	是	人	泰国	都

不是，都是泰国人。

上述句子中泰语的"Tʰáŋ mòt""lúːan""tʰáŋ nán""tʰáŋ sîn"都是从总体上去指称对象的。它们都是可以指称全体的。

第二类是指称这个全体中的每一个成员。例如：

（5）เขาว่ายน้ำทุกวัน（《泰语 300 句》第 177 页）

kʰǎw	wâːj náːm	tʰúk	wan
他	游泳	每	天

他每天都游泳。

（6）ผมชอบทุกเล่ม（《泰语 300 句》第 177 页）

pʰǒm	tɕʰɔ́ːp	tʰúk	lêm
我	喜欢	每	本

我每本都喜欢。

以上几个例句中，泰语中的"tʰúk"是指全体中的任何个体。

第三类是指泰语中指称一定范围的任意对象。例如：

（7）ใครๆก็ชอบเขา（《泰国汉学会期刊》2009 年 7 月）

kʰraj kʰraj	kɔ̂ː	tɕʰɔ́ːp	kʰǎw
谁	都	喜欢	她

谁都喜欢她。

（8）อะไรๆฉันก็กินทั้งนั้น（《基础汉语一》第 214 页）

ʔàʔ raj ʔàʔ raj	tɕʰǎn	kɔ̂ː	kin	tʰáŋ nán
什么	我	都	吃	都

我什么都吃。

从上面的例句中可以看出，在这里，"kʰraj kʰraj""ʔàʔ raj ʔàʔ raj"是用来表示"任一事物"的。

由此可知，在泰语中，人们在不同的语言环境下会选择不同的词语进行对"总括"意义的表示，情况复杂多变；而在汉语中，绝大多数情况下人们更倾向于使用"都"来表达。这样一来，汉、泰语中有关"总括"意义的表达就形成"一对多"的现象。

第二节　"都"与泰语对应词的数量特征

很多教材和工具书上指出"都"的语义功能是"总括全部"。那么，值得让人思考的是"都"所总括的对象必须是复数性成分吗？泰语的"Tʰáŋ mòt""tʰáŋ nán""tʰáŋ sîn"所总括的对象也必须是复数性成分吗？本节从汉、泰语名词性成分的数量特征出发，探讨"都"所总括对象的数量问题。

"数量"是一种非常宽泛的语义范畴，人们日常生活的方方面面都离不开数量，同时数量意义也是一种重要的语法意义。虽然汉语中的"数量"看起来仅表现为由"数词"和"量词"组合构成的数量词组，但实际上很多汉语语法现象都与"数量意义"有关系。❶比如，汉语"都"跟数量范畴有密切关系。戴悉心（2010）也指出："'都'是与数量范畴紧密联系的。"❷刘丹青（2008）指出："最常见的数范畴是单数和复数对立所形成的系统，如英语名词就有单数（名词原形）和复数（一般加后缀 –s）的对立。"❸由此不难看出这个"–s"就是英语名词的"数标记"。

"汉语在语法形式上是没有单数、双数、多数这样的数标记系统的。"❹这一点与泰语非常相似，泰语在语法形式上也没有"数标记"。由于汉语和泰语都没有复数标记，句子的主语、谓语之间也没有单复数一致的数量关系，有时只能依靠上下文来理解。例如：

❶ 陆俭明，沈阳 . 汉语和汉语研究十五讲［M］. 北京：北京大学出版社，2004：320.

❷ 戴悉心 . "都"与汉语相关量化问题研究［D］. 北京：北京语言大学，2010：23.

❸ 刘丹青 . 语法调查研究手册［M］. 上海：上海教育出版社，2008:332.

❹ 戴悉心 . "都"与汉语相关量化问题研究［D］. 北京：北京语言大学，2010：27.

（9）马来了。（戴悉心［2010］）

ม้ามาแล้ว

má:　　　　　ma:　　　　　lέ:w

马　　　　　来　　　　　了

（10）有人来了。（戴悉心［2010］）

มีคนมาแล้ว

mi:　　　　kʰon　　　　ma:　　　　lέ:w

有　　　　人　　　　来　　　　了

由上述的例句中可以看到，在（9）中的"马"可以指几匹马，也可以指一匹马。同样，在（10）中的"人"可以指几个人，也可以指一个人。这也反映了汉语和泰语在数量表达方面非常相似，当句子中没有出现数量词时，在句子中往往表达出不定的数量，而且句子意义的理解具有模糊性。

由于汉、泰两种语言都没有"数标记"，那如何区别单数和复数呢？刘丹青指出："判断是否存在区别于单数的复数，关键看是否个体超过2就要归入复数，如大人可以对着两个孩子说：'孩子们，走吧！'一般来说，在单复数对立的系统中，单数较可能取零标记，而复数不会用零形式。"❶

既然汉语和泰语在语法形式上都没有"数标记"，那么汉、泰语的复数概念又是如何？戴悉心指出："虽然汉语名词没有形式上的复数标记，但语义上却是有复数概念的。与其他语言一样，汉语复数名词短语即语义上表示所指对象为'两个以上'的个体。如果说单数与复数构成'一'与'多'的对立，复数名词所表示的'多'，是一个模糊概念。"❷泰语中的数量范畴的表达主要是体现在数量修饰词上，乌巴吉辛拉巴讪（1935）❸指出，泰语里的数量修饰词，大致可以分为以下四类。

（1）不定数量词，是表示大概的数量，如"mâ:k"（多）、"nɔ́:j"（少）。

---

❶ 刘丹青. 语法调查研究手册［M］. 上海：上海教育出版社，2008：332.

❷ 戴悉心. "都"与汉语相关量化问题研究［D］. 北京：北京语言大学，2010：23.

❸ อุปกิตศิลปสาร，พระยา. หลักภาษาไทย［M］.อักขรวิธี วจีวิภาค วากยสัมพันธ์ ฉันทลักษณ์. กรุงเทพมหานคร，1988.

（2）定量词，表示准确的数量，如"Tháŋ mòt"（都）、"thúk"（每）。

（3）不定指数量词，如"bâːŋ"（些）。

（4）数词，如"nɯ̀ŋ"（一）、"sɔ̌ːŋ"（二）、"sǎːm"（三）。

泰语和汉语一样，当个体的数量超过两个的时候就归于复数。一般情况下，在泰语中复数的意义主要通过数量词或者数量修饰词来表示，例如：

（11）นักเรียนห้าคน

nák riːan	hâː	khon
学生	五	人

五个学生。

（12）นักเรียนทั้งหมด

nák riːan	tháŋ mòt
学生	所有

所有学生。

（13）นักเรียนทุกคน

nák riːan	thúk	khon
学生	每	人

每个学生。

（14）คุณจะทานอะไรบ้างครับ（《泰语 300 句》第 128 页）

khun	tɕàʔ	thaːn	ʔàʔ raj	bâːŋ
您	想	吃	什么	些

您想吃些什么？

可以看到，在（11）中，泰语的"学生"本身并不表示单数意义或者复数意义，当句中没有出现数量词时，其中的"学生"的数量往往是不确定的。我们可以理解为句中所表示的是一个学生，也可理解为几个学生。但是在句中一旦出现大于 1 的数量词，这时句中的"学生"必然是复数的。在（12）和（13）中，出现了泰语的"Tháŋ mòt"和"thúk"，所以在句子中所指的"学生"必然是复数的。因为泰语的"Tʰáŋ mòt"用于表示总数或总额，而泰语的"tʰúk"含有"全""整""所有"的意思。从表面上看，虽然泰语的"nák riːan"在语法形式上是单数形式，但是在它与"Tʰáŋ mòt"和"tʰúk"搭配之后，就能表达复数意义。在（14）中，泰语的"bâːŋ"用于疑问句句末时，表示两个或两个以上的数量，所以它给句子带来了复数概念。在疑问句句末使用"bâːŋ"，是因为问话人已经假定了该答案不是单数。

为什么汉、泰语在数量表达上如此相似？这种现象的产生可能是由于泰语与汉语都属于汉藏语系。从语言类型学上说，它们都属于孤立型语言，都没有或者说缺乏词的形态标记和形态变化，都采用 SVO 的词序，并且都是以词序和虚词作为表达语法意义的重要手段。❶

笔者还发现，汉语中表示复数的意义还可以通过"们"，泰语还可以通过"pʰûːak"，如：

（15）พวกเราเป็นคนไทย

pʰûːak	raw	pen	kʰon	tʰaj
们	我	是	人	泰国

我们是泰国人。

（16）พวกเขาเป็นคนจีน

pʰûːak	kʰăw	pen	kʰon	tɕiːn
们	他	是	人	中国

他们是中国人。

从以上两个例句可以看出，汉语的"们"和泰语的"pʰûːak"也带有类似英语中的复数意义，汉语的"们"可以用于指人名词及部分动物名词。而即使是指人的复数意义名词，也不是在所有情况下都可以加"们"的。不过在泰语中都可以加"pʰûːak"。比如：

---

❶ 裴晓睿.泰语语法新编［M］.北京：北京大学出版社，2001：1.

（17）พวกนักเรียนไปหมดแล้ว

pʰûːak	nák riːan	paj	mòt	léːw
们	学生	走	都	了

学生们都走了。

（18）A：＊三十三个学生们。

　　　＊ พวกนักเรียนสามสิบสามคน

pʰûːak	nák riːan	sǎːm	sìp	sǎːm	kʰon
们	学生	三	十	三	人

　　B：✓ 三十三个学生。

　　　✓ นักเรียนสามสิบสามคน

nák riːan	sǎːm	sìp	sǎːm	kʰon
学生	三	十	三	人

从（17）可以看出，当"学生"出现在主语的位置上时，它后面是可以加"们"的，句子就成了"学生们都走了。"在泰语中也可以加"pʰûːak"。一般来说，汉语和泰语基本上都可以用"们"和"pʰûːak"来表达复数意义，但是从（18）就可以发现，在汉语和泰语中如果在名词前出现了表示复数的词或数字就不能再加"们"和"pʰûːak"了。

另外，在汉语和泰语中并不是所有的句子都带有复数性的标记，当没有数量词和"们""pʰûːak"时，句中名词的量往往具有不定性。比如：

（19）衣服洗好了。

เสื้อผ้าซักเสร็จแล้ว

sûːa pʰâ	sák	sèt	léːw
衣服	洗	好	了

以上例句中，汉语的"衣服"和泰语的"sûːa pʰâː"的数量不定，"衣服"可指的是多件，也可以指的是一件，但如果在句中出现"Tʰáŋ mòt"，"衣服"一定是复数的。这一点与汉语非常相似。汉语中，如果在句子里出现"都"的话，"衣服"必然也是复数的。如：

（20）เสื้อผ้าทั้งหมดซักเสร็จแล้ว

sɯ̂ːa pʰâː	Tʰáŋ mòt	sák	sèt	léːw
衣服	都	洗	好	了

衣服都洗好了。❶

当人们用"都"的时候，在人们的预设中所说的事物必须是复数的，这一点与泰语非常相似，在泰语中当人们用"Tʰáŋ mòt"的时候，人们的预设中所说的事物必须是复数的，泰语的"Tʰáŋ mòt"就表示所有的事物，当没有出现"Tʰáŋ mòt"就往往表示不定量的事物，看下面的例句。

（21）a. เสื้อผ้าทั้งหมดเตรียมเสร็จแล้ว

sɯ̂ːa pʰâː	tʰáŋ mòt	triːam	sèt	léːw
衣服	都	准备	好	了

衣服都准备好了。

b. เสื้อผ้าเตรียมเสร็จแล้ว

sɯ̂ːa pʰâː	triːam	sèt	léːw
衣服	准备	好	了

衣服准备好了。

（22）a. นักเรียนทั้งหมดมาแล้ว

nák riːan	tʰáŋ mòt	maː	léːw
都		来	了
学生			

学生都来了。

b. นักเรียนมาแล้ว

nák riːan	maː	léːw
学生	来	了

学生来了。

---

❶ 此句中，如果"都"表示强调，则"衣服"一词也可以是单数。本节只讨论"都"表示总括的意义。

从上面的例句中可以看出，"Tʰáŋ mòt"的有无并不影响句子的合法性，但是会影响到句子的语义表达。比如：（22a）表示全部学生都来了。由于泰语的"Tʰáŋ mòt"在泰语中是表达全量的，所以它给句子带来了全指的意思。而无"Tʰáŋ mòt"的句子中的数量往往具有不定性，表示的是至少有一个学生来了，至于是不是全部则没有明确交代。

　　如前文所述，"总括"义是"都"的核心意义，"总括"反映的是"都"与它的总括对象之间的语义关系，一般认为"都"所总括的对象必须具有"复数"的性质，如果具有"单数"意义的话，则不能用"都"进行总括。例如：

　　（23）我们都是韩国学生。（《现代汉语虚词词典》第 161 页）

　　（24）给谁都行。（《现代汉语八百词》第 177 页）

　　（25）每个书店我都想进去看看。（《汉语教程》第 133 页）

　　在上述例句中，（23）中的"都"总括了"我们"中的每一个人无一例外的是韩国学生，句中的"我们"是带有复数标记"们"的复数人称代词；（24）中出现的是疑问代词"谁"，它是表示任指的代词，含有全称的意义在内。（25）中的"每个"是表任指的代词，意思为"所有的"。

　　但是，作为"都"所总括的对象，并不是所有的词语都带有复数性的标记，有的从表面上看来是单数形式的词语，也可以用"都"。例如：

　　（26）张三把一个馒头都吃了。

　　（27）李四把那个西瓜都吃了。

　　在（26）和（27）中，"馒头"和"西瓜"都是单数，却可以用"都"进行总括，成为"都"的总括对象。为什么单数的事物可以成为"都"的总括对象呢？关于"都"所总括对象的复数性条件，有很多学者讨论了这个问题。

　　王还（1994）明确地指出："'都'所指的事物必是复数的，这是没疑问。"❶ 袁毓林（2012）指出，"'都'所总括的对象必须是一个语义上的复数

---

❶　王还. 门外偶得集［M］. 北京：北京语言学院出版社，1994：168.

性成分"。❶ 赫琳（2009）❷ 也认为，成为"都"语义指向对象的最基本的语义条件是总括的对象要具有复数性。由此可以看出，很多学者基本上都认为"都"所总括的对象必须具有复数性。有的语法学界注意到了"都"指向单数个体的情况，如兰宾汉（1988）、❸ 袁毓林（2012）❹ 等。

兰宾汉（1988）❺ 指出：不管"都"总括的对象在前还是在后，"都"一般都是对复数事物的总括。如果所总括的对象是单数，则此单数事物在语义上要受一定的限制。例如：

（28）玛丽把苹果都吃了。

（29）李明把书都看完了。

（30）我把西瓜都吃了。

根据上面的例句，"苹果""书"和"西瓜"都是单数事物，但我们能用"都"总括，因为"苹果"和"西瓜"可以分成一块一块的，"书"可以分成一页一页或一章一章的。如果对于在人们的意识中不能再分成更小的单位的，一般不用"都"。

袁毓林（2005）❻ 在分析"那本书他都看完了"时说，"'那本书'虽然在形式上是单数性的成分，但是在语义上是复数性的；因为对于'读'这种行为来说，它可以有'由多个部分构成的整体'这种解读。这说明，'都'要求其关联成分至少在语义上是非单数性的"。袁毓林（2012）❼ 在解释"那么厚厚的一本《电工手册》，他都看完了""小明把一个馒头都吃了"时说，"'一本'和'一个'在语法形式上是单数形式，但是在上下文中跟动词'看、吃'

❶ 袁毓林.汉语句子的焦点结构和语义解释［M］.北京：商务印书馆，2012：322.

❷ 赫琳.现代汉语副词语义指向及其计算机识别研究［M］.北京：中国社会科学出版社，2009：172.

❸ 兰宾汉.副词"都"的语义及其对后面动词的限制作用［J］.语言教学与研究，1988（2）.

❹ 袁毓林.汉语句子的焦点结构和语义解释［M］.北京：商务印书馆，2012.

❺ 兰宾汉.副词"都"的语义及其对后面动词的限制作用［J］.语言教学与研究，1988（2）.

❻ 袁毓林."都"的加合性语义功能及其分配性效应［J］.当代语言学，2005（4）.

❼ 袁毓林.汉语句子的焦点结构和语义解释［M］.北京：商务印书馆，2012：321.

和副词'都'搭配以后，才显示它们在语义指称上表示的是复数意义，由一页一页地看的纸所组成的复数性的一本书、由一口一口地吃的馒头的一个个部分所组成的复数性的一个馒头。所以'都'所总括的对象必须是一个语义上的复数性成分，它所指称的对象是一个由若干元素组成的集合。语义上的复数性成分在语法形式上可以是复数性的，也可以是单数性的"。这种观点与兰宾汉（1988）非常相似，关注到了实体的可分割性。

张谊生（2003）❷对"都"受到限制和制约的原因作出了相应的解释，"NP 一般必须是复数而不能是单数；单数 NP 必须是离散的、可切分的；复数NP 除了表示全量以外，必须是表主观大量的，小量和微量的 NP 都不能全称量化。就 VP 而言，能与单数 NP 共现的 VP 语义上必须是可持续的、可重复的，而且该 VP 应该是有界的而不能是无界的"。由此可见，"都"在语义上的选择限制其实并不完全在 NP 的数值上，"都"能否使用，不仅取决于 NP 的数值，还涉及相关 VP 的语义性质。

戴悉心（2010）❸指出：Dou 算子总是伴随语义复数化的名词短语出现的，句法形式上的单数名词可以在 Dou 算子的作用下获得语义复数解读。

关于"复数性质"也有语法学界细化为三个方面来论证范围副词"都"义指向的制约条件。项晓霞（2003）❹指出："都"某一成分在语义上必须满足下述三项条件之一，才可能成为"都"的语义指向对象。它们是：（1）多数意义；（2）周遍意义；（3）整体意义。

所谓的"多数意义"包含复数标志的成分和周遍意义，可分为三类：第一类是指"所有""一切""每"等表示"全部"义的词语修饰体词性成分，组成具有周遍意义的偏正短语；第二类是指含有表示任指的疑问代词的体词性成分，可受"都"总括；第三类是含有数量词重叠形式的体词性成分，可

❶ 兰宾汉. 副词"都"的语义及其对后面动词的限制作用 [J]. 语言教学与研究，1988（2）.

❷ 张谊生. 范围副词"都"的选择限制 [J]. 中国语文，2003（5）.

❸ 戴悉心. "都"与汉语相关量化问题研究 [D]. 北京：北京语言大学，2010：29.

❹ 项晓霞. 副词"都"的语义指向及相关句法语义问题[J].中共南京市委党校南京市行政学院学报，2003（6）.

受"都"总括,表示周遍意义。

也有学者关注了"都"与名词短语同现的情况,李文山(2013)❶指出:"'都'与名词短语同现的情况,可分为五类:第一类是含有'全部'、'任意'或者'每一个'等全称数量词的名词短语;第二类含有普通数量词的名词短语;第三类是不含数量词的名词短语;第四类是任指代词;第五类是'重叠式'名词短语。"

许多泰国汉语教师经常用"Tʰáŋ mòt"来解释汉语的"都"。但前文已经提到,汉语"都"在不同的语言环境中,与泰语的不同词语对应,比如"tʰáŋ nán""tʰáŋ sîn"等。值得思考的是,它们的数量特征与"都"是否一致?它们所总括的对象必须是"复数"性成分吗?下面从泰语的角度来讨论这些问题。

首先,泰语"Tʰáŋ mòt"所指的事物必须是复数的,例如:

(31)พวกเราทั้งหมดไปเข้าเรียน(任景文:《初级汉语》第 85 页)

pʰûːak raw	tʰáŋ mòt	paj	kʰâw riːan
我们	都	去	上课

我们都去上课。

(32)พวกเขาทั้งหมดเป็นนักเรียนจีน(《汉语教程》第 87 页)

pʰûːak kʰǎw	tʰáŋ mòt	pen	nák riːan	tɕiːn
他们	都	是	学生	中国

他们都是中国学生。

由上述的例句不难看出,成为泰语的"Tʰáŋ mòt"的总括对象必须具有复数性,这一点与"都"非常相似,由于泰语"Tʰáŋ mòt"表示总数或总额,所以"Tʰáŋ mòt"的总括对象必须是复数的,单数事物是不可以受"Tʰáŋ mòt"总括的。例如:

---

❶ 李文山.也论"都"的语义复杂性及其统一刻画[J].世界汉语教学,2013(3).

（33）a. ฉันเป็นคนจีนคนหนึ่ง

tɕʰǎn	pen	kʰon	tɕiːn	kʰon	nùɯŋ
我	是	人	中国	人	一

我是一个中国人。

*b. ฉันเป็นคนจีนคนหนึ่งทั้งหมด

tɕʰǎn	pen	kʰon	tɕiːn	<u>kʰon</u>	<u>nùɯŋ</u>	<u>Tʰáŋ mòt</u>
我	是	人	中国	人	一	都

（34）a. ฉันเป็นนักเรียนต่างชาติคนหนึ่ง

tɕʰǎn	pen	nák riːan tàːŋ tɕʰaː tìʔ	kʰon	nùɯŋ
我	是	留学生	人	一

我是一个留学生。

*b. ฉันเป็นนักเรียนต่างชาติคนหนึ่งทั้งหมด

tɕʰǎn	pen	nák riːan tàːŋ tɕʰaː tìʔ	<u>kʰon</u>	<u>nùɯŋ</u>	<u>Tʰáŋ mòt</u>
我	是	留学生	人	一	都

很明显，在（33）和（34）中，指的是单数事物，所以不能用"Tʰáŋ mòt"进行总括。

如前文所述，在汉语中，有的词语表面上看来是单数形式，也可以用"都"，但在泰语中，则不能用"Tʰáŋ mòt"，例如：

（35）a. ฉันกินหมั่นโถวหนึ่งลูกแล้ว

tɕʰǎn	kin	màn tʰǒː	nùɯŋ	lûːk	lɛ́ːw
我	吃	馒头	一	个	了

我把一个馒头都吃了。

*b. ฉันกินหมั่นโถวหนึ่งทั้งหมดลูกแล้ว

tɕʰǎn	kin	màn tʰǒː	<u>nùɯŋ</u>	<u>Tʰáŋ mòt</u>	lûːk	lɛ́ːw
我	吃	馒头	一	都	个	了

（36）a. ฉันกินแตงโมหนึ่งลูกแล้ว

tɕʰăn	kin	tɛːŋ moː	nɯ̀ŋ	lûːk	lɛ́ːw
我	吃	西瓜	一	个	了

我把一个西瓜都吃了。

*b. ฉันกินแตงโมหนึ่งทั้งหมดลูกแล้ว

ɕʰăn	kin	tɛːŋ moː	nɯ̀ŋ	Tʰáŋ mòt	lûːk	lɛ́ːw
我	吃	西瓜	一	都	个	了

由于泰语的"Tʰáŋ mòt"侧重表示数量，"所有的""全部的"的意思。泰语的"Tʰáŋ mòt"所总括的对象必须具有"多数"的性质（两个或两个以上的人或事物），在（35）和（36）中的"馒头"和"西瓜"都是单一个体，所以不能用"Tʰáŋ mòt"进行总括。

"都"可以与"所有""每"等全指性的词语同现，而在泰语中，当句子里有"所有""每"时，不必用"都"类似的词语与之呼应。例如：

（37）a. อาจารย์ทั้งหมดพูดว่าเธอฉลาดมาก

ʔaː tɕaːn	tʰáŋ mòt	pʰûːt wâː	tʰɤː	tɕʰà lâːt	mâːk
老师	所有	说	你	聪明	很

所有的老师都说你很聪明。

*b. อาจารย์ทั้งหมดทั้งหมดพูดว่าเธอฉลาดมาก

ʔaː tɕaːn	tʰáŋ mòt	tʰáŋ mòt	pʰûːt wâː	tʰɤː	tɕʰà lâːt	mâːk
老师	所有	都	说	你	聪明	很

（38）a.คนทั้งหมดรู้เรื่องนี้

kʰon	tʰáŋ mòt	rúː	rɯ̂ːaŋ	níː
人	所有	知道	事	这

所有人都知道这件事。

*b. คนทั้งหมดทั้งหมดรู้เรื่องนี้

kʰon	tʰáŋ mòt	tʰáŋ mòt	rú:	ruɪ̌:aŋ	ní:
人	所有	都	知道	事	这

（39）a. เขาว่ายน้ำทุกวัน（《泰语 300 句》第 177 页）

kʰǎw	wâ:j ná:m	tʰúk	wan
他	游泳	每	天

他每天都游泳。

*b. เขาว่ายน้ำทุกทั้งหมดวัน

kʰǎw	wâ:j ná:m	tʰúk	tʰáŋ mòt	wan
他	游泳	每	都	天

（40）a. พัสดุต้องลงทะเบียนทุกชิ้น（《实用泰语教程》第 134 页）

pʰát sà dùʔ	tɔ̂:ŋ	loŋ tʰáʔ bi:an	tʰúk	tɕʰín
包裹	要	挂号	每	件

每一件包裹都要挂号的。

*b. พัสดุต้องลงทะเบียนทุกทั้งหมดชิ้น

pʰát sà dùʔ	tɔ̂:ŋ	loŋ tʰáʔ bi:an	tʰúk	tʰáŋ mòt	tɕʰín
包裹	要	挂号	每	都	件

可见，在泰语中并不需要类似汉语"都"等词与"所有""每"等词同现，句子就合法，比如在（37）和（38）中，汉语里"都"可以与"所有"同现，在泰语里不能出现两个"Tʰáŋ mòt"，汉语的"所有"可译泰语的"Tʰáŋ mòt"，但"都"与零形式对应。在（39）和（40）中，在汉语里"都"可以与"每"同现，但在泰语里"tʰúk"和"Tʰáŋ mòt"不能同现，笔者认为由于"所有""每"是全指性的词语，它们本身就有"全部"的意思，所以当句中已经出现"所有""每"等词时，不必用"都"类似的词语与之呼应。

汉语中，"都"可以和表示"大部分"的数量短语同现，而泰语中的"Tʰáŋ mòt"不可以和表示"大部分"的数量短语同现。例如：

（41）a.มีคนจำนวนมากย้ายเข้าไปอยู่ในตึกแล้ว（《汉语教程》第 2 页）

mi:	kʰon	tɕam nuːan	mâːk	jáːj	kʰâw
有	人	数量	多	搬	进

paj	jùː	naj	tɯ̀k	lɛ́ːw
去	住	里	楼房	了

很多人都搬进楼房里去住了。

*b.มีคนจำนวนมากทั้งหมดย้ายเข้าไปอยู่ในตึกแล้ว

mi:	kʰon	tɕam nuːan	mâːk	Tʰáŋ mòt	jáːj
有	人	数量	多	都	搬

kʰâw	paj	jùː	naj	tɯ̀k	lɛ́ːw
进	去	住	里	楼房	了

（42）a.มีหนังสือจำนวนมากที่ฉันไม่รู้（《汉语教程》第 13 页）

mi:	nǎŋ sɯ̌ː	tɕam nuːan	mâːk	tʰîː	tɕʰǎn	mâj	rúː
有	书	数量	多	的	我	不	知道

很多书我都不知道。

b.*มีหนังสือจำนวนมากทั้งหมดที่ฉันไม่รู้

mi:	nǎŋ sɯ̌ː	tɕam nuːan	mâːk	Tʰáŋ mòt	tʰîː
有	书	数量	多	都	的

tɕʰǎn	mâj	rúː
我	不	知道

（43）a.มีคำศัพท์จำนวนมากที่นึกไม่ออกแล้ว（《汉语教程》第 96 页）

mi:	kʰam sàp	tɕam nuːan	mâːk	tʰîː	nɯ́k
有	词	数量	多	的	想

mâj	ʔɔ̀ːk	lɛ́ːw
不	出	了

好多词都想不起来了。

*ᕖ.มีคำศัพท์จำนวนมากทั้งหมดที่นึกไม่ออกแล้ว

mi:	kʰam sàp	tɕam nuːan	mâːk	Tʰáŋ mòt	tʰîː
有	词	数量	多	都	的

nɯ́k	mâj	ʔɔ̀ːk	léːw
想	不	出	了

值得说明的是，在泰语中，"Tʰáŋ mòt"是指"全部"，不能和表示"大部分"的数量短语同现。泰语的"Tʰáŋ mòt"主要用来表示数量，"所有的""全部的"的意思。在（41）~（43）中都出现表示"大部分"的数量短语，所以不能同时用泰语的"Tʰáŋ mòt"进行总括。

第三节　　"都"与泰语对应词对"多数"和"少数"的选择

戴悉心（2010）[1] 指出："由于'都'与数量范畴关系紧密，从'高与低''大与小'的对立中不易直接表达'都'与数量概念的关系，从'多与少'的对立中确定'都'的性质可能更容易接近现象的本质。"笔者认同这个观点，值得思考的是"都"为什么可以与"多数"连用，表示"少数"却不行，这种现象前文已有初步的介绍，下面进一步讨论在泰语中是否也存在同样的现象。

（44）คนส่วนมากเห็นด้วยกับความคิดเห็นของเขา

kʰon	sùːan mâːk	hěn dûaj	kàp	kʰwaːm kʰít hěn
人	多数	同意	跟	意见

kʰɔ̌ːŋ	kʰǎw
的	他

多数人都同意他的意见。

---

❶　戴悉心."都"与汉语相关量化问题研究［D］.北京：北京语言大学，2010：23.

（45）*คนส่วนมากทั้งหมดเห็นด้วยกับความคิดเห็นของเขา

*kʰon	sù:an mâ:k	Tʰáŋ mòt	hěn dûaj	kàp
人	多数	都	同意	跟

kʰwa:mkʰít hěn		kʰɔ̌:ŋ	kʰǎw
意见		的	他

多数人都同意他的意见。

（46）*คนส่วนน้อยทั้งหมดเห็นด้วยกับความคิดเห็นของเขา

*kʰon	sù:an nɔ́:j	tʰáŋ mòt	hěn dûaj	kàp
人	少数	都	同意	跟

kʰwa:m kʰít hěn		kʰɔ̌:ŋ	kʰǎw
意见		的	他

少数人都同意他的意见。

很明显，在汉语中，"都"可以与表多数的词连用，但不能与表示少数的词连用；而在泰语中，不管是"多数"还是"少数"，都不能接受泰语"Tʰáŋ mòt"的总括意义。

泰语的"tʰúk"与"Tʰáŋ mòt"一样，不管是"多数"还是"少数"，都不能与"tʰúk"连用，例如：

（47）คนส่วนมากใส่เสื้อเชิ้ตสีขาว

kʰon	sù:an mâ:k	sàj	suî:a tɕʰɤ̌:t	sǐ:kʰǎ:w
人	大多数	穿	衬衫	白

大多数人都穿着白衬衫。（戴悉心［2010］）

（48）*คนส่วนมากทุกใส่เสื้อเชิ้ตสีขาว

kʰon	sù:an mâ:k	tʰúk	sàj	suî:a tɕʰɤ̌:t	sǐ: kʰǎ:w
人	大多数	每	穿	衬衫	白

大多数人都穿着白衬衫。

（49）＊คนส่วนน้อยทุกใส่เสื้อเชิ้ตสีขาว

kʰon	sùːan nɔ́ːj	tʰúk	sàj	sûːa tɕʰɤ́ːt	sǐː kʰǎːw	
人	少数	每	穿	衬衫	白	

少数人都穿着白衬衫。

由（47）~（49）不难看出，"都"可以与表示"多数"的词连用，但不能与表示"少数"的词连用；而在泰语中，不管是表示"多数"还是"少数"的词，都不能与"tʰúk"连用。由于泰语的"tʰúk"是定量词，主要是用来表示准确的数量，所以不能与模糊量词连用。

第四节　"都"在泰语中的对应形式

下面将散见于汉、泰语著作中汉语"都"句式及泰语相对应的句式进行简单罗列，再一一对比说明（见表3-1）。

表3-1　汉语"都"句式和泰语对应句式一览表

汉　语	泰　语
都 + 谓语	Tʰáŋ mòt/ tʰáŋ nán / tʰáŋ sîn / Tʰáŋ /lúːan/ tàːŋ kɔ̂ː /lúːan…tʰáŋ nán /lúːan…tʰáŋ sîn
每……都……	tʰúk…
无论 / 不论 / 不管……都	mâj wâː…kɔ̂ː
都是	kɔ̂ː pʰrɔ́ʔ…
疑问代词……都	…kɔ̂ː
都……疑问代词	…bâːŋ
连……都……	méː tɛ̀ː…kɔ̂ː…
一……都 + 不 / 没……	…kɔ̂ː
都……了	…náʔ

一、"都"和"Tʰáŋ mòt""tʰáŋ nán""tʰáŋ sîn"

(一)"Tʰáŋ mòt""tʰáŋ nán""tʰáŋ sîn"的语义

1. "Tʰáŋ mòt"的意义

关于泰语"Tʰáŋ mòt"的语义及用法,泰语学界有几种不同的看法。《泰汉词典》对"Tʰáŋ mòt"的解释是:(副)所有,全部,一切。❶邢慧如、岑容林(1992)指出"Tʰáŋ mòt"用于表示总数或总额。❷黄进炎、林秀梅(2003)指出"Tʰáŋ mòt"是数量修饰词。❸潘德鼎(2005)指出,"Tʰáŋ mòt"侧重表示数量,"所有的""全部的"的意思。❹林梓新(2007)指出,"Tʰáŋ mòt"是表示范围的统括性副词。❺罗奕原(2008)指出,"Tʰáŋ mòt"是数量副词,放在动词后,修饰动词,意思是"总共、一共"。❻从上述解释可以看出,副词"Tʰáŋ mòt"的基本意义是表示总额或总数,也有"总共""一共"的意思。

2. "tʰáŋ nán"的意义

《泰汉词典》对"tʰáŋ nán"的解释是:(副)①那样;②全部,全都,都,一概,一律。❼罗奕原(2008)也指出,"tʰáŋ nán"是副词,通常用于句末,意思是"全部、全都、都"。一般用于口语。❽邢慧如、岑容林(1992)指出,"泰语的"tʰáŋ nán"与形容词搭配是用于概括具有某些共同行为或共同性质的人或物"。所以"tʰáŋ nán"在泰语中是一个比较口语化的副词,可以放在句末用来表示"全部"等的意思,放在句子的其他位置时可以表示"那样""一概"

❶ 广州外国语学院编.泰汉词典[M].北京:商务印书馆,2011:303.

❷ 邢慧如,岑容林.泰语(第二册)[M].北京:外语教学与研究出版社,1992:90.

❸ 黄进炎,林秀梅.实用泰语教程[M].广州:广东世界图书出版公司,2003:189.

❹ 潘德鼎.泰语教程(第二册)[M].北京:北京大学出版社,2005:237.

❺ 林梓新.现代汉语副词与泰语副词比较研究[D].昆明:云南师范大学,2007:35.

❻ 罗奕原.基础泰语2[M].广州:广东世界图书出版公司,2008:11.

❼ 广州外国语学院编.泰汉词典[M].北京:商务印书馆,2011:303.

❽ 罗奕原.基础泰语2[M].广州:广东世界图书出版公司,2008:147.

等意思。❶

3. "tʰáŋ sîn"的意义

《泰汉词典》对"tʰáŋ sîn"的解释是：（副）所有，全部，一切。❷邢慧如、岑容林（1992）指出，"tʰáŋ sîn"含有"全部"的意思。❸潘德鼎（2005）指出，"tʰáŋ sîn"侧重表示数量，"所有的""全部的"的意思。相对于"tʰáŋ nán"来说，泰语副词"tʰáŋ sîn"更多出现在书面语中，表示"全部""所有"的意思。❹

（二）"都"和"Tʰáŋ mòt""tʰáŋ nán""tʰáŋ sîn"的对比

1. "都"和"Tʰáŋ mòt"

一般认为"都"和泰语中的"Tʰáŋ mòt"意思差不多，如林梓新（2007）指出，泰语的"Tʰáŋ mòt"对应于汉语中的"都"。❺许多对泰汉语教材也将"都"直译为"Tʰáŋ mòt"，比如《汉语会话301句》《汉语》等，以至于误导学生将"Tʰáŋ mòt"的用法套用于"都"上。实际上，"Tʰáŋ mòt"和"都"的语法功能并不完全等同，在语义和结构上也不完全相同。为了弄明白两者之间的关系，下面将"都"和"Tʰáŋ mòt"二词进行比较。

汉语"都"和泰语"Tʰáŋ mòt"的词性相同，二者都是副词。关于"都"的语义功能及用法，通常认为它有三种主要的语义和用法。

第一，表示总括全部。例如：

（50）大伙儿都同意。（《现代汉语八百词》第177页）

（51）爸爸和妈妈都去旅行了。（《简明汉语语法学习手册》第268页）

（52）所有产品出厂前都要经过严格的质量检查。（《HSK常用虚词例释》第70页）

---

❶　邢慧如，岑容林.泰语（第二册）［M］.北京：外语教学与研究出版社，1992：90.

❷　广州外国语学院编.泰汉词典［M］.北京：商务印书馆，2011：303.

❸　邢慧如，岑容林.泰语（第二册）［M］.北京：外语教学与研究出版社，1992：90.

❹　潘德鼎.泰语教程（第二册）［M］.北京：北京大学出版社，2005：237.

❺　林梓新.现代汉语副词与泰语副词比较研究［D］.昆明：云南师范大学，2007：35.

（53）他每天都锻炼半个小时身体。（《现代汉语虚词讲义》第 18 页）

第二，表示甚至。例如：

（54）我都忘了你的名字了。（《现代汉语八百词》第 177 页）

（55）那儿的冬天一点儿也不冷,连毛衣都不用穿。（《现代汉语虚词讲义》第 18 页）

（56）连小孩子都懂得。（《汉语教与学词典》第 254 页）

（57）这样好的节目,连我都想看了。（《外国人实用汉语语法》第 609 页）

第三，表示已经。例如：

（58）我都快六十了，该退休了。（《现代汉语八百词》第 178 页）

（59）都 12 点了，你怎么还不回家？（《现代汉语虚词讲义》第 18 页）

（60）都 4 月份了，天气还这么冷。（《外国人学汉语语法》第 70 页）

（61）我都累坏了，跑不动了。（《汉语教与学词典》第 254 页）

由上可见，这种三分法实际上是认为"都"可以分为范围副词、语气副词和时间副词三种。"都 1"表示"总括"，属范围副词。"都 2"表示"甚至"，属语气副词。"都 3"表示"已经"，属时间副词。

"都"与"T ʰáŋ mòt"不但词性相同，而且"都"和"T ʰáŋ mòt"均含有"全部"的意思。从表面来看它们所表达的基本意义非常相似，即表示"总括全部"的意思。例如：

（62）พวกเขาทั้งหมดเป็นคนไทย

     pʰûːak kʰǎw   tʰáŋ mòt   pen   kʰon   tʰaj

     他们   都   是   人   泰国

     他们都是泰国人。

（63）พวกเราทั้งหมดเรียนภาษาจีน

     pʰûːak raw   tʰáŋ mòt   riːan   pʰaː sǎː tɕiːn

     我们   都   学   汉语

     我们都学汉语。

（64）นักเรียนทั้งหมดมาแล้ว

nák riːan　　　tʰáŋ mòt　　　ma:　　　　lɛ́:w
学生们　　　　　都　　　　　来　　　　　了
学生们都来了。

由上可见，"都"和"Tʰáŋ mòt"主要表示范围，用来总括它前面提到的人或事物。在（62）中总括的是"他们"，（63）中总括的是"我们"，而（64）中总括的是"学生"的全部。

泰语的"Tʰáŋ mòt"除了能与"都"对应之外，还可以用在数量词前，表示合在一起，含有"总共""一共"的意思。例如：

（65）ครอบครัวของผมมีทั้งหมด 4 คน

kʰrɔ̀:p kʰru:a　kʰɔ̆:ŋ　　pʰŏm　mi:　tʰáŋ mòt　sì:　kʰon
家　　　　　　　的　　　我　　有　　总共　　四　　人
我家总共有四口人。

（66）โรงเรียนของเรามีครูทั้งหมด 80 คน

ro:ŋ ri:an　　　kʰɔ̆:ŋ　　　raw　　　mî:　　　k ru:
学校　　　　　的　　　　　我们　　　有　　　教师
tʰáŋ mòt　　　pɛ̀:t　　　sìp　　　kʰon
总共　　　　　八　　　十　　　人
我们学校总共有八十名教师。

（67）ชั้นภาษาไทยมีนักศึกษาทั้งหมด 24 คน

tɕʰán　　　pʰa: să: tʰaj　　　mi:　　　nák sɯ̀k să:　　　tʰáŋ mòt
班　　　　泰语　　　　　有　　　学生　　　　　总共
jî:　　　sìp　　　sì:　　　kʰon
二　　　十　　　四　　　人
泰语班总共有二十四名学生。

（68）ชั้นเรียนของเรามีนักเรียนทั้งหมด 30 คน

tɕʰán riːan	kʰɔ̌ːŋ	raw	miː	nák riːan
班	的	我们	有	学生

tʰáŋ mòt	sǎːm	sìp	kʰon
一共	三	十	人

我们班一共有三十个学生。

（69）ฉันเคยไปประเทศไทยทั้งหมด 2 ครั้ง

tɕʰǎn	kʰɤ̌ːj	paj	pràʔ tʰêːt	tʰaj
我	过	去	国	泰

tʰáŋ mòt	sɔ̌ːŋ	kʰráŋ
一共	两	次

我一共去过泰国两次。

由上可见，泰语的"Tʰáŋ mòt"还包含其他的意思，可以与汉语的"总共""一共"对应。它可以用在数量词前，表示合在一起。可以看出，不是泰语中有"Tʰáŋ mòt"的地方，译成泰语时就一定要用"都"。

泰语的"Tʰáŋ mòt"所总括的人或事物必须多于两个，这一点与"都"非常相似，但"都"与数量词同现时，译成泰语时不能用"Tʰáŋ mòt"，例如：

（70）พวกเขาทั้งสามคนดื่มเหล้าไม่เป็น

pʰûːak kʰǎw	tʰáŋ	sǎːm	kʰon	dɯ̀ːm
他们	都	三	人	喝

lâw	mâj	pen
酒	不	会

他们三个人都不会喝酒。（《HSK 常用虚词例释》第 62 页）

（71）เครื่องบินศัตรูทั้งสองลำถูกยิงตกลงมาแล้ว

kʰrɯ̂ːaŋ bin	sàt ruː	tʰáŋ	sɔ̌ːŋ	lam	tʰùːk
飞机	敌	都	两	架	被

jiŋ	tòk	loŋ	ma:	lɛ́:w
打	掉	下	来	了

两架敌机都打下来了。(《现代汉语虚词词典》第 161 页)

（72）พวกเขาทั้งสองคนไม่อยู่บ้าน

pʰûːak kʰǎw	tʰáŋ	sɔ̌ːŋ	kʰon	mâj	jùː	bâːn
他们	都	两	人	不	在	家

他们两个人都不在家。

（73）อาจารย์ของฉันทั้งสองคนเป็นคนไทย

ʔaː tɕaːn	kʰɔ̌ːŋ	tɕʰǎn	tʰáŋ	sɔ̌ːŋ	kʰon
老师	的	我	都	两	位

pen	kʰon	tʰaj
是	人	泰国

我的两位老师都是泰国人。

从以上例句可以看到，虽然"都"和"Tʰáŋ mòt"都可以指事物的全体，成为"都"和"Tʰáŋ mòt"的最基本的语义条件是总括的对象要具有复数性。值得注意的是，"都"与数量词同现时，就不能与"Tʰáŋ mòt"对应，这说明不是汉语中所有出现"都"的地方，译成泰语时就一定要用"Tʰáŋ mòt"，因此不能简单地将"都"视作"Tʰáŋ mòt"的汉语对译词。

如果说话人并不想突出"全部"的意思时，也可以不用"Tʰáŋ mòt"。如：

（74）a.พวกเราเป็นคนไทย

pʰûːak raw	pen	kʰon	tʰaj
我们	是	人	泰国

我们是泰国人。

b.พวกเราทั้งหมดเป็นคนไทย

pʰûːak raw	Tʰáŋ mòt	pen	kʰon	tʰaj
我们	都	是	人	泰国

我们都是泰国人。

在这两个句子中，如果（74a）中没有"Tháŋ mòt"，就不能突显出"全部"的意思。（74b）中则使用了"Tháŋ mòt"，也就能将"全部"的意思顺利地表达出来。

"都"和"Tháŋ mòt"虽然都含有"全部"的意思，但"Tháŋ mòt"与"都"还是有区别的。"Tháŋ mòt"是指事物的全体，不能指复数事物的每一个或某一集合中的任一成员。例如：

（75）พวกเขาทั้งหมดเป็นนักเรียนจีน

pʰûːak kʰǎw	tʰáŋ mòt	pen	nák riːan	tɕiːn
他们	都	是	学生	中国

他们都是中国学生。（《汉语教程》第 87 页）

（76）ระยะนี้อากาศแจ่มใสทุกวัน

ráʔ jáʔ níː	ʔaː kàːt	tɕɛ̀m sǎj	tʰúk	wan
最近	天气	晴朗	每	天

最近每天都很晴朗。（《图解基础汉语语法》第 289 页）

（77）ให้ใครก็ได้

hâj	kʰraj	kɔ̂ː	dâj
给	谁	都	行

给谁都行。（《现代汉语八百词》第 177 页）

正如上文所指出的，"Tháŋ mòt"要求被总括的对象是一个相对固定的整体，所以在（75）中可以用"都"和"Tháŋ mòt"进行总括。值得注意的是，在（76）和（77）中，汉语可以用"都"，而在泰语中不可以用"Tháŋ mòt"。不难看出，泰语的"Tháŋ mòt"只限于指事物的全体时使用，不能用来指称全体中的每个成员或某一集合中的任一成员。

名词或量词重叠使用时，含有复数的意思，谓语要用"都"，但译成泰语时不能用"Tháŋ mòt"，例如：

（78）ร้านอาหารเหล่านี้ฉันเคยไปมาแล้วทุกร้าน

ráːn ʔaː hǎːn	làw	níː	tɕʰǎn	kʰɤːj	paj
饭店	些	这	我	过	去

maː	lɛ́ːw	tʰúk	ráːn
来	了	每	家

这些饭店家家我都去过。（《图解基础汉语语法》第289页）

（79）เสื้อผ้าเหล่านี้สวยงามมากทุกชุด

sɯ̂ː pʰâː	làw	níː	sǔaj ŋaːm	mâːk	tʰúk	tɕʰút
衣服	些	这	漂亮	很	每	件

这些衣服件件都很漂亮。（《图解基础汉语语法》第288页）

（80）นักเรียนของที่นี่ทุกคนเป็นบุคคลที่มีความสามารถ

nák rian	kʰɔ̌ːŋ	tʰîː nîː	tʰúk	kʰon	pen
学生	的	这里	每	人	是

bùk kʰon tʰîː mîːk waːm sǎː mâːt
人才

这里的学生个个都是人才。（《汉语语法百项讲练》第174页）

在汉语中,名词或量词重叠使用时,含有"每一"的意思,谓语要用"都",但在泰语中, 由于泰语的"tʰúk"本身就含有"每一"的意思, 所以不需要"都"类似的词语再进行总括, 句子就合法。

汉语中,当句子里有"全部""所有""一切"等类词语时,谓语中一般要用"都"与之呼应;但在泰语中, 当句子里有这类词语时,则不能使用"Tʰáŋ mòt"进行搭配。例如:

（81）a.สัมภาระทั้งหมดขนขึ้นไปบนรถแล้ว

sǎm pʰaː ráʔ	tʰáŋ mòt	kʰǒn kʰûn	paj	bon	rót	lɛ́ːw
行李	全部	搬	去	上	车	了

全部行李都搬到车上了。

*b.สัมภาระทั้งหมดทั้งหมดขนขึ้นไปบนรถแล้ว

sǎm pʰa: ráʔ	tʰǎŋ mòt	tʰáŋ mòt	kʰǒn kʰuîn	paj	bon	rót	lɛ́:w
行李	全部	都	搬	去	上	车	了

（82）a.อาจารย์ทั้งหมดพูดว่าเธอฉลาดมาก

ʔa: tɕa:n	tʰǎŋ mòt	pʰûːt wâ:	tʰɤ:	tɕʰà lâ:t	mâ:k
老师	所有	说	你	聪明	很

所有的老师都说你很聪明。

*b.อาจารย์ทั้งหมดทั้งหมดพูดว่าเธอฉลาดมาก

ʔa: tɕa:n	tʰáŋ mòt	tʰáŋ mòt	pʰûːt wâ:	tʰɤ:	tɕʰà lâ:t	mâ:k
老师	所有	都	说	你	聪明	很

（83）a.ความผิดทั้งหมดเป็นเพราะเขา

kʰwa:m pʰìt	tʰáŋ mòt	pen	pʰrɔʔ	kʰǎw
错误	一切	是	因为	他

一切错误都是因为他。

*b.ความผิดทั้งหมดทั้งหมดเป็นเพราะเขา

kʰwa:m pʰìt	tʰáŋ mòt	tʰáŋ mòt	pen	pʰrɔʔ	kʰǎw
错误	一切	都	是	因为	他

不难看出，当句子里有"全部""一切""所有"等类似的词语时，在泰语中并不需要使用"都"来与之呼应，句子就可以合法。笔者认为由于在泰语中"全部""所有""一切"都含有"全部"的意思，所以不需要让同样表示"全部"的两个词语同时出现。

在汉语中，当句子里有"每""各""任何""到处""随时"等类词语时，谓语中一般要用"都"与之呼应，但在泰语中，当句子中有这类词语时，不必用"Tʰáŋ mòt"与之呼应。例如：

（84）a.ทุกคนมีงานอดิเรกเป็นของตัวเอง

tʰúk	kʰon	mi:	ŋa:n ʔàʔ dìʔ rè:k	pen	kʰɔ̌:ŋ	tu:a ʔe:ŋ
每	人	有	爱好	是	的	自己

每个人都有自己的爱好。

*b. ทุกทั้งหมดคนมีงานอดิเรกเป็นของตัวเอง

tʰúk	Tʰáŋ mòt	kʰon	mi:	ŋa:n ʔàʔ dìʔ rè:k
每	都	人	有	爱好

pen	kʰɔ̌:ŋ	tu:a ʔe:ŋ
是	的	自己

（85）a.แต่ละประเทศมีแนวคิดและความเคยชินที่ไม่เหมือนกัน

tè: láʔ		pràʔ tʰê:t	mi:	nɛ:w kʰít	lɛ́ʔ
各		国家	有	想法	和

kʰwa:m kʰɤ̌:j tɕʰin	tʰî:	mâj	muǐ:an kan
习惯	的	不	同

各个国家都有不同的习惯和想法。

*b. แต่ละทั้งหมดประเทศมีแนวคิดและความเคยชินที่ไม่เหมือนกัน

tè: láʔ	Tʰáŋ mòt	pràʔ tʰê:t	mi:	nɛ:w kʰít	lɛ́ʔ
各	都	国家	有	想法	和

kʰwa:m kʰɤ̌:j tɕʰin	tʰî:	mâj	muǐ:an kan
习惯	的	不	同

　　可见，"都"可以与"每""各"同现，但"tʰúk"不能与"Tʰáŋ mòt"同现，因此当句子有"每""各"时，在泰语中不需要"都"类似的词语进行总括。

（86）a. ไม่ว่าใครก็ไปได้

mâj wâ:	kʰraj	kɔ̂:	paj	dâj
任何	人	都	去	可以

任何人都可以去。

*b. ไม่ว่าใครทั้งหมดก็ไปได้

mâj wâ:	kʰraj	Tʰáŋ mòt	kɔ̀:	paj	dâj
任何	人	都	也	去	可以

在（86）中，"都"可以与"任何"连用，但"Tʰáŋ mòt"不能与"任何"连用。笔者认为由于"任何"本身也是全指性的词语，所以当句子中有"任何"时，不能受"Tʰáŋ mòt"总括。

（87）a.ทุกที่มีแต่หนังสือ

tʰúk tʰî:	mi: tɛ̀:	nǎŋ sǔ:
到处	只有	书

到处都是书。

*b.ทุกที่ทั้งหมดมีแต่หนังสือ

tʰúk tʰî:	Tʰáŋ mòt	mi: tɛ̀:	nǎŋ sǔ:
到处	都	只有	书

（88）a.เธอมาได้ทุกเวลา

tʰɤ:	ma:	dâj	tʰúk	we: la
你	来	可以	随	时

你随时都可以来。

*b.เธอมาได้ทุกทั้งหมดเวลา

tʰɤ:	ma:	dâj	tʰúk	Tʰáŋ mòt	we: la:
你	来	可以	随	都	时

可以看出，"都"可以与"随时""到处"连用，但"Tʰáŋ mòt"不能与这些词语连用。由于"随时"和"到处"译成泰语时就是"tʰúk we: la""tʰúk tʰî:"，泰语的"tʰúk"与"Tʰáŋ mòt"一样是指"全部"的，所以不能同时出现。

"都"可以与"很多""许多""大部分""大多数"等表多数量的词语同现，但"Tʰáŋ mòt"不可以与这些词语同现。例如：

（89）a.คนจำนวนมากชอบงิ้ว

    kʰon   tɕam nuːan   mâːk   tɕʰɔ́ːp   ŋíw

    人   数量   很多   喜欢   京剧

    很多人都喜欢京剧。

    *b. คนจำนวนมากทั้งหมดชอบงิ้ว

    kʰon   tɕam nuːan   mâːk   Tʰáŋ mòt   tɕʰɔ́ːp   ŋíw

    人   数量   很多   都   喜欢   京剧

（90）a.คนส่วนใหญ่เรียกแบบนี้

    kʰon   sùːan   jàj   rîːak   bɛ̀ːp   níː

    人   部分   大   叫   样   这

    大部分的人都这样叫。

    *b. คนส่วนใหญ่ทั้งหมดเรียกแบบนี้

    kʰon   sùːan   jàj   Tʰáŋ mòt   rîːak   bɛ̀ːp   níː

    人   部分   大   都   叫   样   这

（91）a. คนส่วนใหญ่ชอบเธอ

    kʰon   sùːan jàj   tɕʰɔ́ːp   tʰɤː

    人   许多   喜欢   她

    许多人都喜欢她。

    *b. คนส่วนใหญ่ทั้งหมดชอบเธอ

    kʰon   sùːan jàj   Tʰáŋ mòt   tɕʰɔ́ːp   tʰɤː

    人   许多   都   喜欢   她

（92）a. ทำไมคนส่วนใหญ่ไม่ชอบฉลองวันเกิดครบรอบ32ปี

    tʰam maj   kʰon   sùːan jàj   mâj   tɕʰɔ́ːp   tɕʰɔ̌n ʔoŋ   wan kɤ̀ːt

    为什么   人   大多数   不   喜欢   过   生日

    kʰróp rɔ́ːp   sǎːm   sìp   sɔ̌ːŋ   piː

    周年   三   十   二   年

    为什么大多数的人都不喜欢过32岁生日？

*b.ทำไมคนส่วนใหญ่ทั้งหมดไม่ชอบฉลองวันเกิดครบรอบ32ปี

tʰam maj	kʰon	sùːan jàj	Tʰáŋ mòt	mâj	tɕʰɔ́ːp	tɕʰǒn ʔoŋ
为什么	人	大多数	都	不	喜欢	过

wan kɤ̀ːt	kʰróp rɔ̂ːp	sǎːm	sìp	sɔ̌ːŋ	piː
生日	周年	三	十	二	年

以上可见，"都"可以与"很多""许多""大部分""大多数"等表多数量的词语同现，但在泰语中，当句子里出现这些词语时，并不需要类似"都"的词语来进行总括。

在疑问句中，由疑问代词"谁""什么""哪儿"构成的疑问句常用"都"。值得注意的是，在疑问句中，泰语不用"Tʰáŋ mòt"，而用"bâːŋ"，例如：

（93）这件事情你都告诉谁了？（《实用现代汉语语法》第 216 页）

เรื่องนี้คุณบอกใครแล้วบ้าง

ruîːaŋ	níː	kʰun	bɔ̀ːk	kʰraj	léːw	bâːŋ
事情	这	你	告诉	谁	了	都

为什么汉语可以用"都"，泰语却不用"Tʰáŋ mòt"，反而选择用其他的词语来表达？笔者认为这是与"Tʰáŋ mòt"本身的意义有关的。泰语的"Tʰáŋ mòt"只能用来表示总数，而泰语"bâːŋ"主要是在疑问句中放在疑问词之后，表示答案是两个以上的数量。此外，这也反映了泰语的"Tʰáŋ mòt"的性质，乌巴吉辛拉巴讪（1935）❶ 指出："泰语的'Tʰáŋ mòt'是定量词，表示准确的数量，而泰语的'bâːŋ'是不定指数量词。"可见，在泰语中，如果在句中出现"Tʰáŋ mòt"，数量必然是复数的，指的是全指，而如果数量不定则不能用"Tʰáŋ mòt"。

值得思考的是，"都"和"Tʰáŋ mòt"的否定规律是怎样的？卢福波（2009）❷ 指出，否定词"不"或"没"放在"都"的前与后，表示的意思不同。朱丽云（2009）❸ 明确地指出，"否定词用在'都'后，表示否定全部，

---

❶ อุปกิตศิลปสาร，พระยา. หลักภาษาไทย ［M］. อักขรวิธี วจีวิภาค วากยสัมพันธ์ ฉันทลักษณ์. กรุงเทพมหานคร，1998.

❷ 卢福波. 对外汉语常用词语对比例释［M］.北京：北京语言大学出版社，2009：441.

❸ 朱丽云. 实用对外汉语重点难点词语教学词典［M］.北京：北京大学出版社，2009：162.

用在'都'前，表示否定其中一部分"。如：

（94）a. 这些礼物他都不要。（《对外汉语常用词语对比例释》第 441 页）

　　　b. 这些礼物他不都要。（《对外汉语常用词语对比例释》第 441 页）

（95）a. 这三部外国影片我都没看。（《对外汉语常用词语对比例释》第441 页）

　　　b. 这三部外国影片我没都看。（《对外汉语常用词语对比例释》第 441 页）

　　否定词用在"都"后，表示否定全部。如（94a）中"都"否定总括的全部礼物，（95a）中"都"否定总括的全部影片。否定词在"都"前，是否定其中一部分，如（94b）中"都"否定总括中的部分礼物，（95b）中"都"否定总括中的部分影片。可见，在否定方面，"都"作为总括副词，可以进行全称否定，又可以进行部分否定。译成泰语时，不一定都一样。如：

（96）พวกเราทั้งหมดไม่ใช่คนไทย（《比较汉语语法》第 144 页）

　　　pʰûːak raw　　tʰáŋ mòt　　mâj　　tɕʰâj　　kʰon　　tʰaj

　　　我们　　　　都　　　　不　　　是　　　人　　　泰国

　　　我们都不是泰国人。

（97）พวกเราไม่ได้เป็นคนไทยทุกคน （《比较汉语语法》第 144 页）

　　　pʰûːak raw　　mâj dâj　　pen　　kʰon　　tʰaj　　tʰúk　　kʰon

　　　我们　　　　不　　　是　　　人　　　泰国　　都　　人

　　　我们不都是泰国人。

　　在（96）中，泰语的否定词"mâj"用在"Tʰáŋ mòt"后，表示否定全部，汉语中，否定词用在"都"后，也表示否定全部，这一点是相同的。在（97）中，泰语在动词前加了否定词"mâj dâj"。

　　值得思考的是，泰语"Tʰáŋ mòt"是可有可无的吗？"都"是可有可无的吗？袁毓林（2012）❶经过对有"都"的句子与相应的没有"都"的句子进行比较，发现副词"都"在语句中绝不是可有可无的，它有独特的句法语义功能。例如：

---

❶　袁毓林. 汉语句子的焦点结构和语义解释［M］. 北京：商务印书馆，2012：318.

（98）a. 全排每一个战士都来自西北边远地区。（袁毓林［2012］：319）

　　　b. 全排每一个战士来自西北边远地区。（袁毓林［2012］：319）

（99）a. 全排三十多个战士都牺牲在朝鲜战场上。（袁毓林［2012］：319）

　　　b. 全排三十多个战士牺牲在朝鲜战场上。（袁毓林［2012］：319）

　　在（98）中，"都"的有无影响了句子的合法性，没有"都"的 b 句不合法，这说明"都"并不是可有可无的。在（99）中，"都"的有无并不影响句子的合法性，但是影响句子的语义表达。比如，有"都"的（99a）表示全排三十多个战士全部牺牲在朝鲜战场上，无"都"的（99b）只是表示全排有三十多个战士牺牲在朝鲜战场上，至于是不是全部则没有明确交代。下面分析一下泰语"Tʰáŋ mòt"到底是不是可有可无的。

（100）a. พวกเขาทั้งหมดเป็นคนจีน

pʰûːak kʰǎw		tʰáŋ mòt	pen	kʰon	tɕiːn
他们		都	是	人	中国

他们都是中国人。

b. พวกเขาเป็นคนจีน

pʰûːak kʰǎw		pen	kʰon	tɕiːn
他们		是	人	中国

他们是中国人。

（101）a. พวกเราทั้งหมดเรียนภาษาจีน

pʰûːak raw		tʰáŋ mòt	riːan	pʰaː sǎː tɕiːn
我们		都	学	汉语

我们都学汉语。

b. พวกเราเรียนภาษาจีน

pʰûːak raw		riːan	pʰaː sǎː tɕiːn
我们		学	汉语

我们学汉语。

在（100）、（101）中，泰语"Tʰáŋ mòt"的有无并不影响句子的合法性和意义的表达。比如，有"Tʰáŋ mòt"的（100a）表示他们全部都是中国人，无"Tʰáŋ mòt"的（100b）只表示他们这些人是中国人，至于是不是全部则没有明确交代。可见，泰语"Tʰáŋ mòt"的有无并不影响句子的合法性，只影响句子的语义表达。

此外，作为副词的"都"还有别的意思和用法，而"Tʰáŋ mòt"的用法比较单一。泰语"Tʰáŋ mòt"只有"都1"（表示总括）的用法，没有"都2"和"都3"的用法，例如：

（102）แม้แต่ฉันก็อยากไป

mɛ́ː tɛ̀ː	tɕʰǎn	kɔ̂ː	jàːk	paj
连	我	都	想	去

连我都想去。

（103）ตัวเดียวก็ไม่ได้เขียน

tuːa	diːaw	kɔ̂ː	mâj dâj	kʰǐːan
字	一	都	没	写

一个字都没写。

（104）สิบโมงแล้วนะ รีบตื่นเถอะ

sìp	moːŋ	lɛ́ːw	náʔ	rîːp	tɯ̀ːn	tʰɤ̀ʔ
十	点	了	都	快	起床	吧

都十点了，快起床吧。

通过上述例子的论证，可以明显地看出"Tʰáŋ mòt"除了表示"都1"（表示"总括"）以外，没有其他的特殊用法，所以它的用法就只限于在表示总括整个范围时，才可以使用。

2. "都"和"tʰáŋ nán"

王还（1983）❶明确地指出，"'都'就是副词，地地道道的副词"，裴晓

---

❶ 王还."All"与"都"［J］.语言教学与研究，1983（4）.

睿（2001）❶也指出："tʰáŋ nán"是范围副词。"都"和"tʰáŋ nán"在词性方面都是副词，这一点是相同的。"tʰáŋ nán"和"都"一样含有"全部"的概念，有的泰国学生将"tʰáŋ nán"的用法套用于"都"，实际上"都"与"tʰáŋ nán"在语法及语义上有多处不同，所以在学习上不应该用"tʰáŋ nán"来理解"都"的意思及用法。

关于"都"的基本的语义，目前学界已基本达成共识，表示总括是"都"的核心语义。"tʰáŋ nán"也有"总括全体"的意思。罗奕原（2008）❷指出，"tʰáŋ nán"通常用于句末，意思是"全部、全都、都"。一般用于口语。如：

（105）พวกเราซื้อนาฬิกาเรือนเล็กๆทั้งนั้น（《基础汉语一》第38页）

pʰûːak raw	suː	naː líʔ ka:	ruːan	lék lék	tʰáŋ nán
我们	买	钟	个	小	都

我们都买小钟。

（106）หนังสือจีนดีมากทั้งนั้น（《基础汉语一》第39页）

năŋ suː	tɕiːn	diː	mâːk	tʰáŋ nán
书	中国	好	很	都

中国书都很好。

（107）บนโต๊ะเป็นหนังสือทั้งนั้น（《简明汉语语法学习手册》第268页）

bon	tóʔ	pen	năŋ suː	tʰáŋ nán
上	桌子	是	书	都

桌子上都是书。

以上可见，语义上，"都"和"tʰáŋ nán"都有总括全体的作用。在例（105）中"都"和"tʰáŋ nán"总括的对象是"我们"，（106）的"都"和"tʰáŋ nán"总括的对象是"中国书"，（107）的"都"和"tʰáŋ nán"总括的是桌子上东西的全部。

---

❶ 裴晓睿.泰语语法新编［M］.北京：北京大学出版社，2001：66.
❷ 罗奕原.基础泰语2［M］.广州：广东世界图书出版公司，2008：147.

如前文所述,"都"和"tʰáŋ nán"主要用于总括全体,从总括的对象的情况看,成为"都"和"tʰáŋ nán"的总括对象的最基本语义条件是总括对象要具有复数性。例如:

(108) ปากกากับกระดาษต้องซื้อทั้งนั้น(《基础汉语一》第 181 页)

pàːk kaː	kàp	kràʔ dàːt	tɔ̂ːŋ	súː	tʰáŋ nán
笔	跟	纸	要	买	都

笔跟纸都要买。

(109) ฉันว่ารูปวาดไทย รูปวาดจีนดีทั้งนั้น(《基础汉语一》第 76 页)

tɕʰǎn	wâː	rûːp wâːt	tʰaj	rûːp wâːt	tɕiːn	diː	tʰáŋ nán
我	说	画	泰国	画	中国	好	都

我说泰国画、中国画都好。

(110) คุณชอบใช้ช้อน ส้อม ร้านอาหารเขามีทั้งนั้น(《基础汉语一》第 200 页)

kʰun	tɕɕʰɔ̂ːp	tɕʰáj	tɕʰɔ́ːn	sɔ̂ːm	ráːn ʔaː hǎːn
你	喜欢	用	勺儿	叉子	饭店

kʰǎw	miː	tʰáŋ nán
他	有	都

你喜欢用勺儿、叉子,饭店里都有。

(111) ปลาเนื้อ ผัก อย่างไหนๆฉันก็กินทั้งนั้น(《基础汉语一》第 214 页)

plaː	nuːa	pʰàk	jàːŋ	nǎj nǎj	tɕʰǎn
鱼	肉	菜	个	哪	我

kɔ̂ː	kin	tʰáŋ nán
都	吃	都

鱼、肉、菜,我哪个都吃。

(112) เขาไม่สุภาพกับใครๆทั้งนั้น(《基础汉语一》第 208 页)

kʰǎw	mâj	sùʔ pʰâːp	kàp	kʰraj kʰraj	tʰáŋ nán
他	不	客气	对	谁	都

他对谁都不客气。

（113）เสื้อออะไรๆ ฉันก็ตัดเย็บไม่เป็นทั้งนั้น（《基础汉语一》第 216 页）

sûː a	ʔàʔ raj ʔàʔraj	tɕʰăn	kɔ̂ː	tàt jép	mâj	pen	tʰáŋ nán
衣裳	什么	我	都	缝	不	会	都

什么衣裳我都不会做。

由上可见，作为"都"和"tʰáŋ nán"的总括对象的词都不是单一的个体，而是一个复数的集合。很明显，（108）~（110）中"都"和"tʰáŋ nán"所总括的对象是复数事物。（111）~（113）出现的是疑问代词"哪""谁""什么"，这些疑问代词都含有全称的意义在内，与"都"和"tʰáŋ nán"配合使用具有周遍性。

笔者发现，作为"tʰáŋ nán"的总括对象，并不是所有的词语都带有复数性的标志，有些词表面上看来是单数形式，这样的词语也可以作为"tʰáŋ nán"的总括对象出现。例如：

（114）คำที่เธอพูดฉันเข้าใจทั้งนั้น（《基础汉语一》第 156 页）

kʰam	tʰîː	tʰɤː	pʰûːt	tɕʰăn	kʰâw tɕaj	tʰáŋ nán
话	的	你	说	我	明白	都

你说的话我都明白。

（115）ฉันชอบดูทั้งนั้น（《基础汉语一》第 76 页）

tɕʰăn	tɕʰɔ̂ːp	duː	tʰáŋ nán
我	喜欢	看	都

我都喜欢看。

（116）คำถามของคุณ ฉันยินดีตอบทั้งนั้น（《基础汉语一》第 59 页）

kʰam tʰăːm	kʰɔ̌ːŋ	kʰun	tɕʰăn	jin diː	tɔ̀ːp	tʰáŋ nán
问题	的	你	我	愿意	回答	都

你的问题我都愿意回答。

上述的例句中，"tʰáŋ nán"都是对单数进行总括，这是否和"tʰáŋ nán"的复数性条件相违背呢？其实不然。在（114）中，"tʰáŋ nán"总括的对象

是 "你说的话"，在说话时，可能不止说一句，可以说好几句。在（115）中，没有总括的对象，但可以说它是隐含的，这个隐含的对象就是 "什么"，如果把这个句子改动一下，就可以清楚地看出来，如 "我什么都喜欢看"。在（116）中 "tʰáŋ nán" 总括的对象是 "你的问题"，对方想问的问题可能只有一个，当然也有可能有很多，所以就用 "tʰáŋ nán" 来进行总括。不难看出，"tʰáŋ nán" 的总括对象，毫无例外的都是复数事物。

"都" 和 "tʰáŋ nán" 一般都是对复数事物的总括，如果是单数事物，这个单数事物在语义上要受一定的限制。如：

（117）พี่สาวของเขาออกเรือนแล้ว

pʰîː săːw	kʰɔ̌ːŋ	kʰǎw	ʔɔ̀ːk	ruːan	léːw
姐姐	的	他	出	嫁	了

他的姐姐出嫁了。（兰宾汉［1988］）

（118）พี่สาวของเขาออกเรือนแล้วทั้งนั้น

pʰîː săːw	kʰɔ̌ːŋ	kʰǎw	ʔɔ̀ːk	ruːan	léːw	tʰáŋ nán
姐姐	的	他	出	嫁	了	都

他的姐姐（们）都出嫁了。（兰宾汉［1988］）

在这两个句子中，（117）里没有 "都" 和 "tʰáŋ nán" 时，"姐姐" 指的是一个人，这一点汉语和泰语是相同的；（118）中有 "都"，"姐姐" 指两个或两个以上的人。兰宾汉（1988）[1] 指出："这种表义的不同是由表范围的副词 '都' 带来的。这说明 '都' 是对它前面复数事物的总括。"（118）中的 "tʰáŋ nán" 侧重强调毫无例外，有 "tʰáŋ nán"，表示强调所有的姐姐都结婚了，当然 "姐姐" 指的是两个或两个以上的人。

（119）น้องสาวของเขาออกเรือนแล้ว

nɔ́ːŋ săːw	kʰɔ̌ːŋ	kʰǎw	ʔɔ̀ːk	ruːan	léːw
妹妹	的	她	出	嫁	了

她的妹妹出嫁了。

---

❶ 兰宾汉. 副词 "都" 的语义及其对后面动词的限制作用［J］. 语言教学与研究，1988（2）.

（120）น้องสาวของเขาออกเรือนแล้วทั้งนั้น

nɔ́:ŋ sǎ:w	khɔ̌:ŋ	kháw	ʔɔ̀:k	ruːan	lɛ́:w	thán nán
妹妹	的	她	出	嫁	了	都

她的妹妹都出嫁了。

在这两个句子中，（119）里没有"都"和"thán nán"时，"妹妹"指的是一个人，这一点汉语和泰语是相同的；在（120）中有"都"，是有歧义的，意思是"连她妹妹也出嫁了，你应该出嫁了"。（120）中的"thán nán"侧重强调毫无例外，有"thán nán"，表示强调所有的妹妹都结婚了，当然"妹妹"指的是两个或两个以上的人。

值得注意的是，不是能用"都"总括的单数事物，却同样能用"thán nán"进行总括。

（121）ฉันกินหมั่นโถวแล้ว

tɕhǎn	kin	màn thǒ:	lɛ́:w
我	吃	馒头	了

我把馒头都吃了。

（122）ฉันอ่านหนังสือจบแล้ว

tɕhǎn	ʔà:n	nǎŋ sǔ:	tɕòp	lɛ́:w
我	看	书	完	了

我把书都看完了。

（123）ฉันกินแอปเปิ้ลแล้ว

tɕhǎn	kin	ʔɛ̀:p pɤ̂:n	lɛ́:w
我	吃	苹果	了

我把苹果都吃了。

上面三例中，"馒头""书""苹果"都是单数，却可以受"都"的总括。"馒头""书""苹果"在语法形式上是单数形式，但它们在语义指称上表示复数意义，我们可以一口一口地吃馒头，"苹果"我们可以分成一小块一小块或一口一口地吃，"书"也可以分一页一页地读。它们在语义上具有复数性，因此可以用"都"总括。但"tʰáŋ nán"要求所总括的对象必须是两个或两个以上的人或事物，虽然"馒头""书""苹果"在人们的意识中可以再分割成更小的单位，但它们也是单一个体，所以不能用"tʰáŋ nán"总括。

　　"都"和"tʰáŋ nán"都可以与表示任指的疑问代词"谁""什么""哪儿"等同现，例如：

（124）a.คนไทยอะไรๆก็กิน

kʰon	tʰaj	ʔàʔ raj ʔàʔ raj	kɔ̂:	kin
人	泰国	什么	都	吃

泰国人什么都吃。

b.คนไทยอะไรๆก็กินทั้งนั้น

kʰon	tʰaj	ʔàʔ raj ʔàʔ raj	kɔ̂:	kin	tʰáŋ nán
人	泰国	什么	都	吃	都

泰国人什么都吃。

（125）a.ฉันเพิ่งจะมาถึงประเทศไทย ที่ไหนๆก็ไม่รู้จัก

tɕʰǎn	pʰɤ̂:ŋ tɕàʔ	ma:	tʰǔŋ	pràʔ tʰê:t	tʰaj
我	刚	来	到	国	泰

tʰî: nǎj nǎj	kɔ̂:	mâj	rú: tɕàk
哪儿	都	不	认识

我刚来到泰国，哪儿都不认识。

b.ฉันเพิ่งจะมาถึงประเทศไทย ที่ไหนๆก็ไม่รู้จักทั้งนั้น

tɕʰǎn	pʰɤ̂:ŋ tɕàʔ	ma:	tʰǔŋ	pràʔ tʰê:t	tʰaj
我	刚	来	到	国	泰

tʰî: nǎj nǎj	kɔ̂:	mâj	rú: tɕàk	tʰáŋ nán
哪儿	都	不	认识	都

我刚来到泰国，哪儿都不认识。

（126）a.ใครๆก็ชอบเขา

kʰraj kʰraj		kɔ̂:		tɕʰɔ́:p	kʰǎw
谁		都		喜欢	他

谁都喜欢他。

b.ใครๆก็ชอบเขาทั้งนั้น

kʰraj kʰraj		kɔ̂:		tɕʰɔ́:p	kʰǎw	tʰáŋ nán
谁		都		喜欢	他	都

谁都喜欢他。

由上可见，句中有表示任指的疑问代词"谁""什么""哪儿"等时，谓语中要用"都"与之呼应。这时"都"是不可缺少的。因为疑问代词的任指用法表示周遍性的意思，不是单数。但在泰语里，"tʰáŋ nán"与表示任指的疑问代词"谁""什么""哪儿"同现时，"tʰáŋ nán"是可有可无的，"tʰáŋ nán"的有无，并不影响句子的合法性，但是影响句子的意义表达，"tʰáŋ nán"用于句末，表示强调毫无例外。

由于词性相同，"都"和"tʰáŋ nán"在语法功能方面自然有相同的地方，作为副词，它们在句子中都可以用来修饰动词，这一点是相同的。例如：

（127）อะไรๆฉันก็กินทั้งนั้น（《基础汉语一》第214页）

ʔàʔ raj ʔàʔ raj	tɕʰǎn	kɔ̂:	kin	tʰáŋ nán
什么	我	都	吃	都

我什么都吃。

（128）หนังสือกับใบชาอย่างไหนก็ไม่ต้องซื้อแล้ว ฉันมีทั้งนั้น（《基础汉语一》第218页）

nǎŋ sɯ̌:	kàp	baj tɕʰa:	jà:ŋ	nǎj	kɔ̂:	mâj
书	跟	茶叶	个	哪	都	不
tɔ̂:ŋ	sɯ́:	lɛ́:w	tɕʰǎn	mi:	tʰáŋ nán	
用	买	了	我	有	都	

书跟茶叶，哪个都不用买了。我都有。

"都"和"tʰáŋ nán"除了可以修饰动词，还可以修饰形容词，例如：

（129）ดีทั้งนั้น（《泰汉词典》第 303 页）

　　　di:　　　　　　tʰáŋ nán

　　　好　　　　　　都

　　　都好。

（130）สาวๆทุกคนสวยทั้งนั้น

　　　sǎ:w sǎ:w　　　tʰúk　　　　kʰon　　　　sǔaj　　　tʰáŋ nán

　　　女人　　　　　每　　　　　人　　　　　漂亮　　　都

　　　每个女人都漂亮。

不难看出，"都"和"tʰáŋ nán"都可以用来修饰形容词，这一点是相同的。邢慧如、岑容林（1992）❶指出，"泰语的'tʰáŋ nán'与形容词搭配是用于概括具有某些共同行为或共同性质的人或物"。

值得注意的是，"tʰáŋ nán"除了可以用来修饰动词和形容词之外，还可以修饰名词。例如：

（131）พระสงฆ์ทั้งนั้น

　　　pʰráʔ sǒŋ　　　tʰáŋ nán

　　　和尚　　　　　都

　　　都是和尚。

（132）นักเรียนทั้งนั้น

　　　nák ri:an　　　tʰáŋ nán

　　　学生　　　　　都

　　　都是学生。

❶ 邢慧如，岑容林 . 泰语（第二册）［M］. 北京：外语教学与研究出版社，1992：90.

（133）เด็กทั้งนั้น ไม่มีผู้ใหญ่

dèk	tʰáŋ nán	mâj	mi:	pʰû: jàj
小孩	都	没	有	大人

都是小孩，没有大人。

以上几个例子中，"tʰáŋ nán"可以放在名词之后，表示总括全部，没有例外。但在（131）~（133）中"都"不可以直接修饰名词，要用动词"是"来修饰。

综上所述，不难看出"tʰáŋ nán"可以放在名词、动词或形容词之后，表示总括全部，没有例外。而"tʰáŋ nán"与"Tʰáŋ mòt"略有不同。"Tʰáŋ mòt"侧重表示数量，"所有的""全部的"的意思，但"tʰáŋ nán"侧重强调毫无例外。

3. "都"和"tʰáŋ sîn"

"都"和"tʰáŋ sîn"都是副词，《泰汉词典》（2011）❶对"Tʰáŋ mòt"和"tʰáŋ sîn"的解释是：（副）所有，全部，一切。为什么"Tʰáŋ mòt"和"tʰáŋ sîn"有同样的解释？这个问题也值得思考。"Tʰáŋ mòt"和"tʰáŋ sîn"在汉语中均含有"全部"的意思。罗奕原（2008）❷指出，"Tʰáŋ mòt"和"tʰáŋ sîn"这两个词是近义词，但在语用上稍有区别。"Tʰáŋ mòt"多用于口语，"tʰáŋ sîn"多用于书面语。如：

（134）พวกเราทั้งหมดไม่ใช่คนไทย （《比较汉语语法》第 144 页）

pʰûːak raw	tʰáŋ mòt	mâj	tɕʰâj	kʰon	tʰaj
我们	都	不	是	人	泰国

我们不都是泰国人。

---

❶ 广州外国语学院编.泰汉词典［M］.北京：商务印书馆，2011：303.

❷ 罗奕原.基础泰语2［M］.广州：广东世界图书出版公司，2008：138.

（135）พวกเราทั้งหมดเรียนภาษาไทย

pʰûːak raw	tʰáŋ mòt	riːan	pʰaː sǎː	tʰaj
我们	都	学	语	泰

我们都学泰语。

（136）ไม่ใช่ เป็นคนไทยทั้งสิ้น（《基础汉语一》第 90 页）

mâj	tɕʰâj	pen	kʰon	tʰaj	tʰáŋ sîn
不	是	是	人	泰国	都

不是，都是泰国人。

二、"都"和"lúːan""tàːŋ"

（一）"lúːan"和"tàːŋ"的语义

1. "lúːan"的意义

裴晓睿（2011）❶对"都"的解释是：（副）"lúːan"；"lúːan tèː"。《泰汉词典》（2011）❷对"lúːan"的解释是：（副）①纯，纯净，纯粹。②都，全都。对"lúːan tèː"的解释是：（副）都，全都，完全。由于"lúːan""lúːan tèː"这两个副词在与"都"进行比较时的意思极其相似，它们之间的区别并不会影响到本书的研究，所以本文把这两个词统称为"lúːan"，表示"全都""完全"的意思。

2. "tàːŋ"的意义

《泰汉词典》（2011）❸对"tàːŋ"的解释是：各，各自：学生们各自进入教室。各睡各的。潘德鼎（2005）❹指出，"tàːŋ"指所提到的人或物各自都具有某种共性，强调个体。裴晓睿（2001）❺指出，"tàːŋ"（各自）与动词组成主

❶ 裴晓睿.新汉泰词典［M］.南宁：广西教育出版社，2011：125.

❷ 广州外国语学院编.泰汉词典［M］.北京：商务印书馆，2011：587.

❸ 广州外国语学院编.泰汉词典［M］.北京：商务印书馆，2011：264.

❹ 潘德鼎.泰语教程（第二册）［M］.北京：北京大学出版社，2005：140.

❺ 裴晓睿.泰语语法新编［M］.北京：北京大学出版社，2001：51.

谓结构，说明它前面的名词所表示的施动者或受动者分别进行同样的行为动作或分别处于同样的状态中。卢居正、邱苏伦（1992）❶指出："tà:ŋ"是代词，代替主语，表明主语是复数，主语的动作是相同的，但又是个别进行的。罗奕原（2008）❷指出，"tà:ŋ"是代词，表示主语是复数，主语的动作相同，但是个别进行的，意思是"全部"。常与"kɔ̂:"连用为"tà:ŋ kɔ̂:"。潘德鼎（2005）❸指出，"tà:ŋ"和"tà:ŋ（kɔ̌:）"都是代词，用在集体名词、复数名词或代词或者两个以上名词、代词之后，强调这些人中的每个人或这些事物中的每个事物都有下面谓语所表达的共同的行为、状态或性质。"都"的有些用法在翻译成泰语时会使用"tà:ŋ"来进行翻译，虽然与"tà:ŋ"相对应的汉语不是"都"而是"各"，但本书主要讨论"tà:ŋ"和"都"可以互相影响的情况。

（二）"都"和"lú:an""tà:ŋ"的对比

"都""lú:an"和"tà:ŋ"有很多相似之处，在很多情况下"lú:an"和"tà:ŋ"都可以译成"都"，所以泰国学生经常把"都""lú:an"和"tà:ŋ"画等号。究竟它们之间有什么区别？它们的使用条件是什么？这些问题都是泰汉语教学中必须解决的重点和难点。本书试图从汉、泰语对比的角度出发，希望找出汉、泰语之间更有规律性和概括性的差别。

泰语的"lú:an"和"tà:ŋ"都可以译成"都"，但是含义有差别。潘德鼎（2005）❹指出，"lú:an"指全部都具有某种性质、特点或行为，没有例外，强调整体。"tà:ŋ"指所提到的人或物各自都具有某种共性，强调个体。例如：

（137）เสือ สิงโต เสือดาว หมาป่า ล้วนเป็นสัตว์ดุร้าย（《泰语教程》第 140 页）

sǔːa	sǐŋ toː	sǔːa daːw	mǎː pàː	lúːan	pen	sàt dùʔ ráːj
老虎	狮子	豹	狼	都	是	野兽

老虎、狮子、豹、狼都是野兽。

❶ 卢居正，邱苏伦.泰语（第一册）［M］.北京：外语教学与研究出版社，1992：154.

❷ 罗奕原.基础泰语2［M］.广州：广东世界图书出版公司，2008：157.

❸ 潘德鼎.泰语教程（第二册）［M］.北京：北京大学出版社，2005：172.

❹ 潘德鼎.泰语教程（第二册）［M］.北京：北京大学出版社，2005：140.

（138）เสือ สิงโต เสือดาว หมาป่า ต่างเป็นสัตว์ดุร้าย

suˇːa　sǐŋ toː　suˇːa daːw　mǎː pàː　tàːŋ　pen　sàt dùʔ ráːj
老虎　　狮子　　豹　　　狼　　都　　是　　野兽
老虎、狮子、豹、狼都是野兽。

（139）แสตมป์ ฟุตบอล พาสปอร์ต วีซ่า ล้วนเป็นคำทับศัพท์

sà tɛːm　fút bɔːn　pʰâːt pɔ̀ːd　wiː sâː　lúːan　pen　kʰam tʰáp sàp
邮票　　足球　　护照　　签证　　都　　是　　外来语
邮票、足球、护照、签证都是外来语。

（140）แสตมป์ ฟุตบอล พาสปอร์ต วีซ่า ต่างเป็นคำทับศัพท์

sà tɛːm　fút bɔːn　pʰâːt pɔ̀ːd　wiː sâː　tàːŋ　pen　kʰam tʰáp sàp
邮票　　足球　　护照　　签证　　都　　是　　外来语
邮票、足球、护照、签证都是外来语。

很显然，"lúːan"和"tàːŋ"只是在需要强调时才使用，不是汉语中有"都"的地方，译成泰语时就一定要用"lúːan"和"tàːŋ"。泰语的"lúːan"用于强调整体，如在（137）中，就是用来强调所有的动物都是野兽；（139）用来强调这些词语全都是外来语。泰语的"tàːŋ"用于强调个体。如（138）中用来强调各个种类的动物都是野兽；（140）中用来表示各个词语都是外来语。

邢慧如、岑容林（1992）❶指出，泰语的"lúːan tɛ̀ː"常用于复数名词之后，用以强调所提到的人或事毫无例外地都具有某种性质、特点或行为。"潘德鼎（2005）❷指出，泰语的"lúːan"和"lúːan tɛ̀ː"都是强调全部、统统都、无一例外的意思。例如：

❶ 邢慧如，岑容林．泰语（第二册）［M］．北京：外语教学与研究出版社，1992：194.
❷ 潘德鼎．泰语教程（第二册）［M］．北京：北京大学出版社，2005：340.

（141）ล้วนแต่เป็นคนที่กินคน（《狂人日记》第 52 页）

lú:an tè:	pen	kʰon	tʰî:	kin	kʰon
都	是	人	的	吃	人

都是吃人的人。

（142）ล้วนแต่อาศัยอะไรไม่ได้（《骆驼祥子》第 187 页）

lú:an tè:	ʔa: săj	ʔàʔ raj	mâj dâj
都	可靠	什么	不

都不可靠。

泰语的 "lú:an" 和 "lú:an tè:" 常与 "tʰáŋ nán（tʰáŋ sîn）" 搭配使用成为 "lú:an…tʰáŋ nán（tʰáŋ sîn）" / "lú:an tè:…tʰáŋ nán（tʰáŋ sîn）"。例如：

（143）พวกเขาล้วนแต่ฝีมือดีๆทั้งนั้น（《泰汉词典》第 587 页）

pʰû:ak kʰăw	lú:an tè:	fí: mɯ:	di: di:	tʰáŋ nán
他们	都	技艺	好	都

他们个个都有好技艺。

（144）ทุกสิ่งทุกอย่างล้วนแต่เป็นพรหมลิขิตจากสวรรค์ทั้งสิ้น（《骆驼祥子》第 47 页）

tʰúk sìŋ tʰúk jà:ŋ	lú:an tè:	pen
一切	都	是

pʰrom líʔ kʰìt tɕà:k sà wăn	tʰàiŋ sîn
天意	都

一切都是天意。

（145）ในขณะที่ชมละคร ผู้คนล้วนปรบมือทั้งนั้น

naj kʰà náʔ	tʰî:	tɕʰom	láʔ kʰɔ:n	pʰû: kʰon
在	的	看	戏	观众

lú:an	pròp mɯ:	tʰáŋ nán
都	鼓掌	都

在看戏的时候，观众都鼓掌。

（146）แสงไม่เข้ม เงาก็ไม่ทึบ ลมโชยมาเบาๆล้วนแต่ละมุนละไมไปทั้งนั้น（《月牙儿》第 41 页）

sɛ̌:ŋ	mâj	kʰêm	ŋaw	kɔ̂:	mâj	tʰǔíp	lom
光	不	强	影	也	不	重	风

tɕʰo:j	ma:	baw baw	lú:an tɛ̀:	lá? mun lá? maj paj	tʰáŋ nán
吹	来	微微	都	温柔	都

光不强，影不重，风微微地吹，都是温柔。

汉语"都"是副词，"lú:an"也是副词，这一点是相同的。"都"和"lú:an"都可以表示总括，但不同的是"lú:an"只是在需要表示强调时才使用。例如：

（147）พวกเขาเป็นคนไทย

pʰû:ak kʰǎw	pen	kʰon	tʰaj
他们	是	人	泰国

他们是泰国人。

（148）พวกเขาล้วนเป็นคนไทย

pʰû:ak kʰǎw	lú:an	pen	kʰon	tʰaj
他们	都	是	人	泰国

他们都是泰国人。

以上两个句子的意思不一样，如果在（147）中没有出现"lú:an"的话，就无法表达出强调的意思。（148）中使用了"lú:an"，表示强调他们所有的人都是泰国人。这种表示强调的意义是由"lú:an"带来的。这说明，"lú:an"只是在需要表示强调的意思时才使用的。

"都"和"lú:an"作为范围副词，表示总括。它们都是能表达全称数量意义的副词，即全量副词。显然"总括"反映了"都"和"lú:an"与其对象之间的关系。由于"都"和"lú:an"与数量范畴紧密联系的，下面从"都"和"lú:an"与表全称量名词词组的搭配关系来讨论"都"和"lú:an"的语义。

根据徐颂列（1993）❶的分法，将"总括"分为"统指""逐指""任指"三种。所谓的"统指"是指从总体上指称一定范围内的全部对象；"逐指"是指周遍地逐个指称单个对象；"任指"，是指称一定范围的任意对象。"都"可以出现在这三种情况之中，"lú:an"却不尽相同。例如：

（149）พวกเราล้วนเป็นเด็กดี

　　　p^{h}û:ak raw　　lú:an　　　pen　　　dèk　　　di:
　　　我们　　　　　都　　　　是　　　　孩子　　　好
　　　我们都是好孩子。

（150）พวกเขาทุกคนล้วนเป็นวีรบุรุษ

　　　p^{h}û:ak k^{h}ăw　t^{h}úk　k^{h}on　lú:an　　pen　　wi: rá? bù? rút
　　　他们　　　　　每　人　　都　　是　　　英雄
　　　他们每个人都是英雄。

（151）ไม่ว่าใครก็เข้าร่วมได้

　　　mâj wâ:　　k^{h}raj　　kô:　　k^{h}âw rû:am　　dâj
　　　任何　　　人　　都　　　参加　　　可以
　　　任何人都可以参加。

由此可见，"都"可以与表"统指""逐指""任指"的词语连用，"lú:an"只限于能与表"统指""逐指"的词语连用，却不能与表"任指"的词语连用。

由此不难看出，总括对象的数量影响"都"和"lú:an"的使用，换句话说，"都"和"lú:an"对其作用对象有"量"的要求。成为"都"和"lú:an"的总括对象的最基本的语义条件是总括的对象要具有复数性。例如：

---

❶　徐颂列.表总括的"都"的语义分析［J］.语言教学与研究，1993（4）.

（152）พวกเขาล้วนเป็นคนเลว

      p^hû:ak k^hăw   lú:an   pen   k^hon   le:w

      他们   都   是   人   坏

      他们都是坏人。

（153）ทั้งประเทศล้วนเป็นคนครอบครัวเดียวกัน

      t^háŋ   prà? t^hê:t   lú:an   pen   k^hon   k^hrɔ̂:p k^hru:a   di:aw   kan

      全   国   都   是   人   家   一   相互

      全国都是一家人。

在这两个例句中，（152）中的"都"和"lú:an"所总括的对象是"他们"。（153）中的"都"和"lú:an"所总括的对象是"全国"。不难看出，作为"都"和"lú:an"它们都不是单一个体，而是一个复数的集合体。

"都"和"lú:an"都可以与数量词同现，这一点是相同的。例如：

（154）a.พวกเขาทั้งสามคนเป็นคนดี

      p^hû:ak k^hăw   t^háŋ   să:m   k^hon   pen   k^hon   di:

      他们   都   三   人   是   人   好

      他们三个人都是好人。

      b.พวกเขาทั้งสามคนล้วนเป็นคนดี

      p^hû:ak k^hăw   t^háŋ   să:m   k^hon   lú:an   pen   k^hon   di:

      他们   都   三   人   都   是   人   好

      他们三个人都是好人。

（155）a.พวกเขาทั้งสองคนเป็นคนซานตง

      p^hû:ak k^hăw   t^háŋ   sɔ̌:ŋ   k^hon   pen   k^hon   sa:n toŋ

      他们   都   两   人   是   人   山东

      他们俩都是山东人。

b.พวกเขาทั้งสองคนล้วนเป็นคนซานตง

pʰûːak kʰǎw	tʰáŋ	sɔ̌ːŋ	kʰon	lúːan	pen	kʰon	saːn toŋ
他们	都	两	人	都	是	人	山东

他们俩都是山东人。（北大语料库）

由以上的例句可以看出，"lúːan"的有无并不影响句子的合法性，但是会影响句子的语义表达，因为"lúːan"具有强调的作用。

"都"和"lúːan"都可以与表示逐指的"每"同现，这一点是相同的。例如：

（156）a.ทุกคนมีความฝันเป็นของตนเอง

tʰúk	kʰon	mîː	k waːm fǎn	pen	kʰɔ̌ːŋ	ton ʔeːŋ
每	人	有	梦想	是	的	自己

每个人都有自己的梦想。

b.ทุกคนล้วนมีความฝันเป็นของตนเอง

tʰúk	kʰon	lúːan	mîː	k waːm fǎn	pen	kʰɔ̌ːŋ	ton ʔeːŋ
每	人	都	有	梦想	是	的	自己

每个人都有自己的梦想。

（157）a.ทุกคนมีงานอดิเรกเป็นของตนเอง

tʰúk	kʰon	miː	ŋaː n ɔː dì? rêːk	pen	kʰɔ̌ːŋ	ton ʔeːŋ
每	人	有	爱好	是	的	自己

每个人都有自己的爱好。

b.ทุกคนล้วนมีงานอดิเรกเป็นของตนเอง

tʰúk	kʰon	lúːan	miː	ŋaː n ɔː dì? rêːk	pen	kʰɔ̌ːŋ	ton ʔeːŋ
每	人	都	有	爱好	是	的	自己

每个人都有自己的爱好。

由此不难看出，"都"和"lúːan"都可以与"每"同现。在汉语里，当句子中有表示逐指的"每"时，谓语中一般要用"都"与之呼应。比如，在

（156a）和（157a）中，"都"的有无影响了句子的合法性，没有"都"句子
不合法。但在泰语里，当句子中有"每"时，"lú:an"是可有可无的，"lú:an"
的有无并不影响句子的合法性，有"lú:an"就含有强调的意味。

"都"和"lú:an"都可以与表示"大部分"的数量短语连用，不能与"少
数"连用，这一点是相同的。例如：

（158）เพื่อนนักเรียนส่วนใหญ่ล้วนเคยดูนวนิยายเรื่องนี้

phûɪ:an nák ri:an	sù:an	jàj	lú:an	khɤ:j	du: n
同学	部分	大	都	过	看
wá níʔ ja:j	ruî:aŋ	ní:			
小说	部	这			

大部分同学都看过这部小说。

（159）*เพื่อนนักเรียนส่วนหนึ่งล้วนเคยดูนวนิยายเรื่องนี้

phûɪ:an nák ri:an	sù:an	nùɪŋ	lú:an	khɤ:j	du: n
同学	部分	一	都	过	看
wá níʔ ja:j	ruî:aŋ	ní:			
小说	部	这			

*一部分同学都看过这部小说。

在以上例句中，表示多数的限定词都不能换成表部分及少数的限定词，
"都"和"lú:an"前面如果受"少数""部分"等词的修饰，则不能用"都"
和"lú:an"来总括，而受"多数""大部分"修饰时可以与"都"和"lú:an"
同现。

"都"和"lú:an"都是副词，但"tà:ŋ""tà:ŋ（kɔ:）"是代词。裴晓睿
（2001）❶指出，"tà:ŋ"是指别代词表示区分。黄进炎、林秀梅（2003）❷指出，

---

❶ 裴晓睿.泰语语法新编［M］.北京：北京大学出版社，2001：51.

❷ 黄进炎，林秀梅.实用泰语教程［M］.广州：广东世界图书出版公司，2003：187.

"tàːŋ" 是分类代词。潘德鼎（2005）❶ 也认为 "tàːŋ" 是代词。虽然各位专家所用的术语不尽相同，但看法是一致的，"tàːŋ" 是代词，用来强调每个人或事物都有共同的行为或状态。

"都" 和 "tàːŋ" 均有表示 "全部" 的意思，"都" 和 "tàːŋ" 所总括的对象必须具有 "复数" 的性质；如果是 "单数"，一般不能用 "都" 和 "tàːŋ" 进行总括。 例如：

（160）พวกเราต่างชอบเรียนภาษาไทย(《基础泰语》第 157 页)

phûːak raw   tàːŋ   tɕhɔ̀ːp   riːan   phaː sǎː thaj

我们   都   喜欢   学   泰语

我们都喜欢学泰语。

（161）คนในบ้านต่างแกล้งทำเป็นไม่รู้จักฉัน(《狂人日记》第 43 页)

khon   naj   bâːn   tàːŋ   klɛ̂ːŋ   tham pen   mâj   rúː tɕàk   tɕhǎn

人   里   家   都   装作   不   认识   我

家里的人都装作不认识我。

在上述的例句中，作为 "都" 和 "tàːŋ" 语义指向的对象，"我们" 和 "家里的人" 都不是单一的个体，而是一个复数的集合体。换句话说，成为 "都" 和 "tàːŋ" 语义指向的对象的最基本的语义条件是总括的对象要具有复数性。

"都" 可以与 "全" "所有" 连用，"tàːŋ" 也可以与 "全" "所有" 连用。例如：

（162）a.นักเรียนในชั้นเรียนของพวกเรามากันหมดแล้ว

nák riːan   naj   tɕhán riːan   khɔ̌ːŋ   phûːak raw   maː

同学   里   班   的   我们   来

kan   mòt   lɛ́ːw

相互   全   了

我们班的同学全都来了。

❶ 潘德鼎 . 泰语教程（第二册）［M］. 北京：北京大学出版社，2005：172.

b.นักเรียนในชั้นเรียนของพวกเราต่างมากันหมดแล้ว

nák ri:an	naj	tɕʰán ri:an	kʰɔ̌:ŋ	pʰûːak raw	tàːŋ
同学	里	班	的	我们	都

ma:		kan	mòt	léːw	
来		相互	全	了	

我们班的同学全都来了。

（《实用对外汉语重点难点词语教学词典》第 162 页）

（163）a.คนทั้งหมดไม่รู้เรื่องนี้

kʰon	tʰáŋ mòt	mâj	rú:	rɯ̂ːaŋ	níː
人	所有	不	知道	事	这

所有的人都不知道这件事。

b.คนทั้งหมดต่างไม่รู้เรื่องนี้

kʰon	tʰáŋ mòt	tàːŋ	mâj	rú:	rɯ̂ːaŋ	níː
人	所有	都	不	知道	事	这

所有的人都不知道这件事。（《汉语水平步步高：副词》第 18 页）

很明显，"tàːŋ"的有无并不影响句子的合法性，但是影响句子的语义表达，因为"tàːŋ"在句子中具有强调的作用。

另外，"都"和"tàːŋ"都可以与"每"连用，这一点是相同的。例如：

（164）a.ทุกคนมีความฝันเป็นของตนเอง

tʰúk	kʰon	mî:	k wa:m fǎn	pen	kʰɔ̌:ŋ	ton ʔe:ŋ
每	人	有	梦想	是	的	自己

每个人都有自己的梦想。

b.ทุกคนต่างมีความฝันเป็นของตนเอง

tʰúk	kʰon	tàːŋ	mî:	k wa:m fǎn	pen	kʰɔ̌:ŋ	ton ʔe:ŋ
每	人	都	有	梦想	是	的	自己

每个人都有自己的梦想。

"都"和"tàːŋ（kɔ̂ː）"都可以与量词重叠连用，这一点是相同的。例如：

（165）เสื้อผ้าเหล่านี้สวยงามมากทุกชุด

suîːa pʰâː   làw   níː   sǔaj ŋaːm   mâːk   tʰúk   tɕʰút
衣服   些   这   漂亮   很   每   件
这些衣服件件都很漂亮。

（166）เสื้อผ้าเหล่านี้ต่างก็สวยงามมากทุกชุด

suîːa pʰâː   làw   níː   tàːŋ kɔ̂ː   sǔaj ŋaːm   mâːk   tʰúk   tɕʰút
衣服   些   这   都   漂亮   很   每   件
这些衣服件件都很漂亮。

由上可见，由于名词或量词重叠使用时，含有"每一"的意思，谓语里要用"都"，但在泰语里，"tàːŋ（kɔ̂ː）"的有无并不影响句子的合法性，但是影响句子的语义表达。有"tàːŋ（kɔ̂ː）"具有强调的作用。

"都"可以与"多数""很多"等词语同现，却不能与"少数"连用，这一点与"tàːŋ"非常相似。例如：

（167）คนส่วนมากเห็นด้วยกับความคิดเห็นของเขา

kʰon   sùːan mâːk   hěn dûaj   kàp   kʰwaːm kʰít hěn   kʰɔ̌ːŋ   kʰǎw
人   多数   同意   跟   意见   的   他
多数人都同意他的意见。

（168）คนส่วนมากต่างก็เห็นด้วยกับความคิดเห็นของเขา

kʰon   sùːan mâːk   tàːŋ kɔ̂ː   hěn dûaj   kàp   kʰwaːm kʰít hěn
人   多数   都   同意   跟   意见

kʰɔ̌ːŋ   kʰǎw
的   他
多数人都同意他的意见。

（169）*คนส่วนน้อยต่างก็เห็นด้วยกับความคิดเห็นของเขา

kʰon　sùːan nɔ́ːj　tàːŋ kɔ̂ː　hěn dûaj　kàp　kʰwaːm kʰít hěn
人　少数　都　同意　跟　意见
kʰɔ̆ːŋ　kʰǎw
的　他
* 少数人都同意他的意见。

很明显，“tàːŋ”的有无并不影响句子的合法性。“都”和“tàːŋ”都可以和表示“大部分”的数量短语同现，却不能与“少数”连用。

从上面的讨论可以看出，“都”是现代汉语中的常用词，是对外汉语教学中的基本词汇，其用法应该是在初级阶段就应该掌握的。但在对泰汉语教材中，对“都”的解释不尽相同，特别是表示总括的“都”，在不同的语言环境中与泰语相对应的词也不同。如下面的例句所示，在泰语中与其相对应的形式如下：

（170）หนังสือต่างประเทศอยู่ข้างหลังทั้งหมด（《基础汉语一》第 174 页）

nǎŋ sɯ̌ː　tàːŋ pràʔ tʰá sɤː　jûː　kʰâːŋ lǎŋ　tʰáŋ mòt
书　外国　在　后头　都
外国书都在后头。

（171）แพทย์ล้วนรับผิดชอบกันจริงจัง （《现代汉语语法》第 109 页）

pʰɛ̂ːt　lúːan　ráp pʰìt tɕʰɔ̂ːp　kan　tɕiŋ tɕaŋ
大夫　都　负责　相互　认真
大夫都认真负责。

（172）คนในบ้านต่างแกล้งทำเป็นไม่รู้จักฉัน（《狂人日记》第 43 页）

kʰon　naj　bâːn　tàːŋ　klɛ̂ːŋ tʰam pen　mâj　rúː tɕàk　tɕʰǎn
人　里　家　都　装作　不　认识　我
家里的人都装作不认识我。

（173）ปาหลี่จวง หวงชุน เป่ยซิงอัน หมั่วสือโขว่ หวูหลี่เตี้ยน และซานเจียเตี้ยน
ล้วนมีคนเลี้ยงอูฐด้วยกันทั้งนั้น

pa: lì: tɕu:aŋ	hǔ:aŋ tɕʰun	pə̀:j siŋ ʔan	mǔ:a suǐ: kʰwò:
八里庄	黄村	北辛安	磨石口

wǔ: lì: tî:an	lɛ́?	sa:n tɕi:a tî:an	lú:an
五里屯	和	三家店	都

mi:	kʰon	lí:aŋ	ʔù:t	dûaj kan	tʰáŋ nán
有	人	养	骆驼	相互	都

八里庄、黄村、北辛安、磨石口、五里屯、三家店、都有养骆驼的。

（《骆驼祥子》第 35 页）

上面几个句子在泰语中都可以使用"都"，一般认为泰语的这些词语与"都"相当，但在具体语义上，它们又各有特点，在用法上既有共性又有个性。显然，单靠简单的泰语注解或词语互译，是无法揭示它们之间的区别的，也满足不了泰汉语教学的需求。除此之外，在汉语"都"与泰语的对应方面，它是有规律可循的，请看下面的例句：

（174）พวกเราทั้งหมดเป็นคนไทย

pʰû:ak raw	tʰáŋ mòt	pen	kʰon	tʰaj
我们	都	是	人	泰国

我们都是泰国人。

（175）พวกเราล้วนเป็นคนไทย

pʰû:ak raw	lú:an	pen	kʰon	tʰaj
我们	都	是	人	泰国

我们都是泰国人。

（176）พวกเราต่างก็เป็นคนไทย

pʰû:ak raw	tà:ŋ kɔ̂:	pen	kʰon	tʰaj
我们	都	是	人	泰国

我们都是泰国人。

（177）พวกเราล้วนเป็นคนไทยทั้งนั้น（ทั้งสิ้น）

phû:ak raw　lú:an　pen　khon　thaj　tháŋ nán（tháŋ sîn）

我们　　　都　是　人　泰国　都　　（都）

我们都是泰国人。

通过以上的对比可以看到，在（174）中，"Tháŋ mòt"用来总括表示总数或总额；（175）中的"lú:an"指全部都具有某种性质、特点或行为，没有例外，强调整体性；（176）中的"tà:ŋ kɔ̂:"表明主语是复数，主语的动作是相同的，但又是个别进行的；（177）中的"lú:an"与"tháŋ nán（tháŋ sîn）"搭配使用，更能明显地强调出全部、无一例外的意思。其中"lú:an…tháŋ nán"和"lú:an…tháŋ sîn"之间的区别是前者一般用于口语，后者一般只用在书面语中。

三、"都"和"thúk""Tháŋ"

（一）"都"和"thúk""Tháŋ"的语义

《泰汉词典》（2011）❶对"thúk"的解释是：每、各、全。如："thúk wan"（天天、每日）。裴晓睿（2001）❷指出，"thúk"是指别代词，指别代词表示区分。"thúk"（每、各）放在名词或量词之前，指全体中的每个个体或遍指所有个体。如："thúk bâ:n"（每家、家家），"thúk lêm"（每本、本本），"thúk thân"（每位、各位），"thúk hèŋ"（每处、处处）。罗奕原（2008）❸指出："thúk"可放在谓语之前，也可放在谓语之后，意思是"每……（都）"。詹姆斯·希格比和斯尼·辛森（James Higbie & Snea Thinsan）指出："thúk"在量词之前的意思是"每个"或者"各自"。《新汉泰词典》（2011）❹对"每"的解释是：

❶ 广州外国语学院编.泰汉词典［M］.北京：商务印书馆，2011：314.

❷ 裴晓睿.泰语语法新编［M］.北京：北京大学出版社，2001：51.

❸ 罗奕原.基础泰语2［M］.广州：广东世界图书出版公司，2008：45.

❹ 裴晓睿.新汉泰词典［M］.南宁：广西教育出版社，2011：332.

（代）"tʰúk"。由此可以看出"tʰúk"的意思更接近于"每"或"各"，但是鉴于汉语中"每"与"都"的关系密切，所以本书会涉及"tʰúk"与"都"之间的错误使用现象。

《泰汉词典》（2011）❶对"Tʰáŋ"的解释是：（副）全、整。罗奕原（2008）❷指出"tʰáŋ"是副词，表示前面所提到的所有人或事都具有同样的性质、状况或进行同样的动作。卢居正、邱苏伦（1992）❸指出："Tʰáŋ"是副词，含有"全""整""所有"的意思，可以用于名词前，也可以用于量词和数量词前。与"tʰúk"相比，"Tʰáŋ"的意思更接近总括，与"都"之间的关系也更加复杂。

（二）"都"和"tʰúk""Tʰáŋ"的对比

"都"和"Tʰáŋ"都是副词，二者均有"全部"的意思。一般认为成为"都"和"Tʰáŋ"的总括对象是具有复数意义的NP。例如：

（178）อาจารย์ของฉันทั้งสองคนเป็นคนไทย

ʔa: tɕa:n	kʰɔ̌:ŋ	tɕʰǎn	tʰáŋ	sɔ̌:ŋ	kʰon	pen	kʰon	tʰaj
老师	的	我	都	两	位	是	人	泰国

我的两位老师都是泰国人。

（179）ทั้งสองคนนี้มาจากแคนาดา（《thai reference grammar》第 198 页）

tʰáŋ	sɔ̌:ŋ	kʰon	ní:	ma:	tɕà:k	kʰɛ: na: da:
都	两	人	这	来	自	加拿大

这两个人都来自加拿大。

以上可见，"都"和"Tʰáŋ"都可以表示总括义，而"都"和"Tʰáŋ"语义指向的对象，必须具有复数性、周遍义或者整体义。

---

❶ 广州外国语学院编.泰汉词典［M］.北京：商务印书馆，2011：303.

❷ 罗奕原.基础泰语2［M］.广州：广东世界图书出版公司，2008：104.

❸ 卢居正，邱苏伦.泰语（第一册）［M］.北京：外语教学与研究出版社，1992：143.

罗奕原（2008） 指出"tʰáŋ"是副词，可以用于名词前，也可以用于量词和数量词前，表示前面所提到的所有人或事都具有同样的性质、状况或进行同样的动作，含有"全""整""所有"的意思。如：

（180）ฉลาดทั้งสองคน（《泰语教程，第一册》第 226 页）

tɕʰà làːt	tʰáŋ	sɔ̌ːŋ	kʰon
聪明	都	两	人

两个人都很聪明。

（181）เราไปเที่ยวกันทั้งวัน（《基础泰语二》第 104 页）

raw	paj	tʰîːaw	kan	tʰáŋ	wan
我们	去	玩	相互	整	天

我们去玩一整天。

（182）เมื่อคืนผมนอนไม่หลับเกือบทั้งคืน（《基础泰语二》第 104 页）

mɯ̂ːa kʰɯːn	pʰǒm	nɔːnmâj làp	kɯ̀ːap	tʰáŋ	kʰɯːn
昨晚	我	睡不着	几乎	整	晚

昨晚我几乎整晚都睡不着。

（183）บ่ายวันนี้เราจะไปเยี่ยมอาจารย์กันทั้งห้อง（《基础泰语二》第 104 页）

bàːj	wan níː	raw	tɕàʔ	paj	jîam	ʔaː tɕaːn
下午	今天	我们	要	去	看望	老师

kan	tʰáŋ	hɔ̂ːŋ
相互	全	班

今天下午我们全班同学去看望老师。

在上述例句中，"tʰáŋ"可用于数量之前，表示所有的特定数量；也可以用在集体名词前，表示这个集体名词所包含的所有成员。

值得说明的是，用"tʰaŋ"与不用"tʰaŋ"在语义上也有差别，请看下

❶ 罗奕原.基础泰语 2［M］.广州：广东世界图书出版公司，2008：104.

面两个句子：

（184）นักเรียนเก้าคนมาแล้ว

    nák ri:an   kâw   kʰon   ma: lɛ́:w

    学生   九   人   来   了

    九个学生来了。

（185）นักเรียนทั้งเก้าคนมาแล้ว

    nák ri:an   tʰáŋ   kâw   kʰon   ma: lɛ́:w

    学生   都   九   人   来   了

    九个学生都来了。

在（184）中只表示来了九个学生，至于总共有多少学生，并不知道。（185）中不但表示来了九个学生，还告诉我们在这个语境中总共有九个学生，而这九个学生全部来了。

"都"有时也是有歧义的，试比较下面两个句子：

（186）a.พวกเขาทั้งสองคนแต่งงานแล้ว

    pʰûːak kʰǎw   tʰáŋ   sɔ̌:ŋ   kʰon   tɛ̀ŋ ŋa:n   lɛ́:w

    他们   都   两   人   结婚   了

    他们两人都结婚了。

    b.พวกเขาทั้งสองคนแต่งงานกันแล้ว

    pʰûːak kʰǎw   tʰáŋ   sɔ̌:ŋ   kʰon   tɛ̀ŋ ŋa:n   kan   lɛ́:w

    他们   都   两   人   结婚   相互   了

    他们两人都结婚了。

可以看出这个句子的意义可以有两种理解，一种是：两人之间结婚；另外一种是：两人分别结婚。值得说明的是，这个句子在泰语里可分成两个句子来表达，一个是加"kan"，另一个没有加，如果句子中出现泰语"kan"就理解为"两人之间结婚"，如果在句子中没有"kan"就理解为"两人分别结婚"。

下面来看一下，泰语"kan"的语义及用法。潘远洋（2011）指出泰语
"kan"的意思是"相互""互相"，用来表示两个人以上共同或相互动作。❶
傅增有（2004）❷也指出："kan"表示两人以上的共同动作或相互动作的
副词。例如：

（187）นักเรียนไปไหนกันครับ

　　　　nák ri:an　paj　nǎj　kan　　　　　　　　　　kʰráp
　　　　学生们　　去　哪儿　相互　（男性使用，是表示礼貌的语尾助词）
　　　　学生们上哪儿去？

（188）พวกเขาไปดูหนังกันค่ะ

　　　　pʰûːak kʰǎw　paj　du:　nǎŋ　kan　　　　　kʰâʔ
　　　　他们　　　　去　看　电影　相互　（女性使用，是表示礼
　　　　　　　　　　　　　　　　　　　　　　　貌的语尾助词）
　　　　他们去看电影。

（189）พวกเราไปโรงแรมกันครับ

　　　　pʰûːak raw　paj　ro:ŋ rɛ:m　kan　　　　　kʰráp
　　　　我们　　　去　饭店　　相互　（男性使用，是表示礼貌的
　　　　　　　　　　　　　　　　　　　　　　语尾助词）
　　　　我们去饭店。

　　由上可见，泰语"kan"的意思是"相互""互相"，用来表示两个人以上
共同或相互动作。如果在句子里无"kan"就可理解为分别进行的，没有共同
或相互动作。

　　一般汉语的"每"常被等同于泰语的"tʰúk"，"每"与"tʰúk"不同的
是"每"一般必须与"都"同现，构成"每……都"结构，句子才能合格，
但"tʰúk"不必与"都"类似的词语同现，句子就合法，这是"tʰúk"与"每"
的最大差别。

❶　潘远洋.实用泰汉翻译教程［M］.广州：广东世界图书出版公司，2011：15.

❷　傅增有.泰语300句［M］.上海：上海外语教育出版社，2004：8.

为什么"每"必须与"都"同现,"都"的作用是什么?此外,笔者在教学中发现,大多数的泰国学生在学习教材中对词语的解释时,并不是看了就可以懂的,他们需要一个学习和理解的过程。因此,笔者认为有必要对"每……都……"与泰语相对应的用法进行对比研究。

傅增有(2004）❶指出,在泰语语法中,"tʰúk"放在量词前表示"每……都……的意思"。例如:

(190) เขาว่ายน้ำทุกวัน（《泰语 300 句》第 177 页）

kʰǎw	wâ:j ná:m	tʰúk	wan
他	游泳	每	天

他每天都游泳。

(191) ผมชอบทุกเล่ม（《泰语 300 句》第 177 页）

pʰǒm	tɕʰɔ́:p	tʰúk	lêm
我	喜欢	每	本

我每本都喜欢。

(192) พวกเราต้องทำความสะอาดห้องทำงานทุกวัน（《零起点轻松说泰语》第 61 页）

pʰûːak raw	tɔ̂:ŋ	tʰam kʰwa:m sàʔʔà:t	hɔ̂:ŋ tʰam ŋa:n	tʰúk	wan
我们	要	打扫	办公室	每	天

我们每天都要打扫办公室。

不难看出,"每"和"tʰúk"都可以表示全称意义,"每"和"tʰúk"都可放在量词前面,这一点是相同的。

潘德鼎(2004）❷也指出,"tʰúk"是强调"整个"或"所有"那些物体(或时间、数量)。"tʰúk"后面是一个具有那种状态的物体(或时间、数量)的名词。例如:

❶ 傅增有.泰语300句［M］.上海:上海外语教育出版社,2004:128.
❷ 潘德鼎.泰语教程(第一册)［M］.北京:北京大学出版社,2004:245.

（193）ผมอยากเจอคุณทุกวัน（《零起点轻松说泰语》第 262 页）

pʰǒm	jàːk	tɕɤː	kʰun	tʰúk	wan
我	想	见到	你	每	天

我每天都想见到你。

（194）อาทิตย์นี้ผมมีเรียนทุกวัน（《基础泰语》第 45 页）

ʔaː tʰít	níː	pʰǒm	miː	riːan	tʰúk	wan
周	这	我	有	课	每	天

这周我每天都有课。

（195）ผมต้องไปฝากเงินที่ธนาคารทุกเดือน（《零起点轻松说泰语》第 85 页）

pʰǒm	tɔ̂ːŋ	paj	fàːk ŋɤːn	tʰîː	tʰá naː kʰaːn	tʰúk	dɯːan
我	要	去	存款	在	银行	每	月

我每个月都要到银行存款。

（196）เขาไปประเทศไทยทุกปี（《基础泰语》第 45 页）

kʰǎw	paj	pràʔ tʰêːt	tʰaj	tʰúk	piː
他	去	国	泰	每	年

他每年都去泰国。

值得思考的是，为什么汉语中的"每"类限定量词在实施量化功能时，要与"都"同现句子才能成立，而泰语中并不需要类似汉语"都"这样的成分与之同现句子就合法呢？请先看一些例句：

（197）ดิฉันออกกำลังกายทุกวัน（《泰语教程》第 142 页）

dìʔ tɕʰǎn	ʔɔ̀ːk kam laŋ kaːj	tʰúk	wan
我	锻炼身体	每	天

我每天都锻炼身体。

（198）พัสดุต้องลงทะเบียนทุกชิ้น（《实用泰语教程》第 134 页）

pʰát sà dùʔ	tɔ̂ːŋ	loŋ tʰáʔ biːan	tʰúk	tɕʰín
包裹	要	挂号	每	件

每一件包裹都要挂号的。

（199）เราทุกคนรักอาจารย์（《基础泰语》第 45 页）

　　raw　　　　tʰúk　　　kʰon　　　rák　　　ʔa: tɕa:n

　　我们　　　　每　　　人　　　爱　　　老师

　　我们每个人都爱老师。

（200）ผมมาทุกวัน（《每日汉语》第六册第 89 页）

　　pʰǒm　　　　ma:　　　tʰúk　　　wan

　　我　　　来　　　每　　　天

　　我天天都来。

从以上的例句可以看到，"tʰúk"的意思类似于"每"。在泰语中，它侧重从整体上来看人或事物具有相同的行为或性质。由于汉、泰两种语言的概念不同，表达同一意义时所采用的句式也不相同。在汉语的"每……都……"结构中，当这两个字同时出现时句子才能够合法，而泰语中没有这种用法，并不需要一个类似"都"这样的副词跟它相配，否则会导致语法错误。因为"tʰúk"本身就可以用来强调"整个"或"所有"的意思。

四、"都……疑问代词"和"bâ:ŋ"

（一）"bâ:ŋ"的语义

《泰汉词典》（2011）[1] 对"bâ:ŋ"的解释是:（副）一些、一点、少许、稍微、略微。罗奕原（2008）[2] 指出，"bâ:ŋ"是副词，在疑问句中放在疑问词之后，表示答案是两个以上的数量。卢居正、邱苏伦（1992）[3] 指出，"bâ:ŋ"为副词，是"些"的意思。

泰语的"bâ:ŋ"除了可以作副词外，还可以作代词。卢居正、邱苏伦

❶ 广州外国语学院编.泰汉词典［M］.北京：商务印书馆，2011：371.

❷ 罗奕原.基础泰语2［M］.广州：广东世界图书出版公司，2008：13.

❸ 卢居正，邱苏伦.泰语（第一册）［M］.北京：外语教学与研究出版社，1992：57.

（1992）❶ 指出："bâːŋ" 是代词，作主语，代替前面已经提到过的人中的一部分。裴晓睿（2001）❷ 指出，"bâːŋ" 是指别代词，"bâːŋ" 与动词或形容词组成主谓结构，说明它前面的复数名词所表示的施动者或受动者，分别进行不同的行为动作或处于不同的状态中。如：

（201）ภูเขาบ้างสูงบ้างต่ำ

pʰuː kʰǎw	bâːŋ	sǔːŋ	bâːŋ	tàm
山	有的	高	有的	低

有的山高，有的山低。

（202）นักเรียนบ้างก็เล่น บ้างก็เรียน

nák riːan	bâːŋ	kɔ̂ː	lên	bâːŋ	kɔ̂ː	riːan
学生	有的	也	玩儿	有的	也	学

有的学生玩儿，有的学。

由上可见，"bâːŋ" 表示有的；有一部分（数量不大）或少量事物或状态。傅增有（2004）❸ 指出："bâːŋ" 相当于"一些""些"。用于疑问句句末时，表示两个以上的数量。例如：

（203）คุณจะทานอะไรบ้าง（《泰语300句》第128页）

kʰun	tɕàʔ	tʰaːn	ʔàʔ raj	bâːŋ
您	想	吃	什么	些

您想吃些什么？

（204）คุณจะอ่านอะไรบ้าง（《泰语300句》第128页）

kʰun	tɕàʔ	ʔàːn	ʔàʔ raj	bâːŋ
您	要	看	哪	些

您要看哪些？

❶ 卢居正，邱苏伦.泰语（第一册）［M］.北京：外语教学与研究出版社，1992：155.

❷ 裴晓睿.泰语语法新编［M］.北京：北京大学出版社，2001：51.

❸ 傅增有.泰语300句［M］.上海：上海外语教育出版社，2004：128.

泰语的"bâ:ŋ"是多义词，可以指"部分"，还可以指一些，另外还可以指"有时"，如：

（205）เดินบ้าง วิ่งบ้าง

dɤ:n	bâ:ŋ	wîŋ	bâ:ŋ
走	有时	跑	有时

有时走，有时跑。

（二）"都"和"bâ:ŋ"的对比

"都+疑问代词……"句式中的"都"要轻读，"都"要放在谓语动词前，总括后面疑问代词所询问的内容。之所以在汉语里要用"都"，是因为问话人在提问时已经预设该答案不是单数的，而是复数的事物（包括人、物、时间、地点、方式等），所以用"都"来提问。罗奕原（2008）❶指出，"bâ:ŋ"是副词，在疑问句中放在疑问词之后，表示答案是两个或两个以上的数量，例如：

（206）คนในโบสถ์พวกนั้นเป็นคนชาติไหนบ้าง（《基础汉语一》第189页）

kʰon	naj	bò:t	pʰûːak	nán	pen	kʰon	tɕʰâːt	nǎj	bâːŋ
人	里	教堂	些	那	是	人	国	哪	都

教堂里的那些人都是哪国人？

（207）ตอนนี้ในหน้าหนังสือพิมพ์กล่าวถึงอะไรบ้าง（《基础汉语一》第189页）

tɔ:n ní:	naj nâ: nǎŋ sǔ: pʰim	klà:w tʰǔɯ	ʔàʔ raj	bâːŋ
现在	报上	说	什么	都

现在报上都说什么？

由以上例句所示，"都+疑问代词……"句式中能与泰语"bâ:ŋ"对应，"都+疑问代词……"要用"都"，因为问话人已假定答案不是单数，如果不用"都"，就不足以表示出这种假定，从而会引起听话人的误解；"bâ:ŋ"位于句末，表示答案是两个或两个以上的数量，不是单数。

---

❶ 罗奕原.基础泰语2［M］.广州：广东世界图书出版公司，2008：13.

五、"都是"和"kɔ̂: pʰrɔ́ʔ"

吕叔湘在《现代汉语八百词》中指出"都"与"是"字合用，说明原因，有责备的意思。《汉语教与学词典》中指出"都"跟"是"连用，说明原因，表示责备、埋怨。朱景松（2007）❶ 在《现代汉语虚词词典》中说明，"都"跟"是"字合用，指明原因。郭振华（2000）❷ 指出，表示埋怨，说明理由。《现代汉语虚词例释》中指出"都是"用来解释原因，常带抱怨语气。可见，许多学者认为，"都"跟"是"字合用，说明理由，表示责备、埋怨。在泰语中与其相对应的形式如下。例如：

（208）ก็เพราะการนำของพรรคนั่นเอง วันนี้จึงมีชีวิตที่เป็นสุข（《现代汉泰词典》第 249 页）

kɔ̂: pʰrɔ́ʔ	ka:n nam	kʰɔ̌:ŋ	pʰák nân ʔe:ŋ	wan ní:
是	领导	的	党	今天
tɕɯŋ	mi:	tɕʰi: wít	tʰî:	pen sùk
才	有	生活	的	幸福

都是党的领导才有今天幸福的生活。

（209）ก็เพราะเธอ พวกเราถึงมาสาย

kɔ̂: pʰrɔ́ʔ	tʰɤ:	pʰû:ak raw	tʰǔŋ	ma: sǎ:j
都是	你	我们	才	迟到

都是你，我们才迟到的。

（210）ก็เพราะดื่มกาแฟมากไป เที่ยงคืนแล้วก็ยังนอนไม่หลับ

kɔ̂: pʰrɔ́ʔ	dɯ̀:m	ka: fɛ:	mâ:k paj	tʰî:aŋ kʰɯ:n
都是	喝	咖啡	多了	半夜
lɛ́:w	kɔ̂:	jaŋ	nɔ:n mâj làp	
了	也	还	睡不着	

都是咖啡喝多了，半夜还睡不着。

---

❶ 朱景松．现代汉语虚词词典［M］．北京：语文出版社，2007：117.

❷ 郭振华．简明汉语语法［M］．北京：华语教学出版社，2000：204.

所以，在（208）中的"都是"就说明了整个句子的原因，在（209）、（210）中则表示责备的意思，这些都与泰语中的"kɔ̀: pʰrɔ́ʔ"是相同的。另外，由于"都是"的这种用法比较容易和"因为"混淆，所以为了明白二者的不同之处，有必要将它们进一步区分。

（211）ก็เพราะเธอ พวกเราถึงมาสาย

kɔ̂: pʰrɔ́ʔ	tʰɤ:	pʰûːak raw	tʰɯ̌ŋ	ma: sǎːj
都是	你	我们	才	迟到

都是你，我们才迟到的。

（212）เพราะว่าเธอ พวกเราถึงมาสาย

pʰrɔ́ʔ wâ:	tʰɤ:	pʰûːak raw	tʰɯ̌ŋ	ma: sǎːj
因为	你	我们	才	迟到

因为你，我们才迟到的。

由上可以看到，当句子中用"因为"时，只表示事件发生的原因。而当使用"都是"时，句子既说明原因，又具有责备的意思。这点区别在实际运用中非常重要。《泰汉词典》（2011）**❶**明确地指出，"pʰrɔ́ʔ（wâ:）"的释义为："（连词）因为"。裴晓睿（2001）**❷**指出：泰语的"pʰrɔ́ʔ wâ:"表示因果。在泰语中，用"kɔ̀: pʰrɔ́ʔ"时，说明原因，表示责备、埋怨的意思，用"pʰrɔ́ʔ"时，只表示原因，没有别的意味。表强调的"kɔ̂:"存在的语义条件主要在于语言表达的需要。为了达到一定的表达效果，我们往往使用"kɔ̂:"来发挥强调的作用。

六、"无论 / 不论 / 不管……都" 和"mâj wâ:……kɔ̂:"

（一）"mâj wâ:"的语义

《泰汉词典》（2011）**❸**对"mâj wâ:"的解释是：①（动词）不说、不责备；

❶ 广州外国语学院编.泰汉词典［M］.北京：商务印书馆，2011：533.
❷ 裴晓睿.泰语语法新编［M］.北京：北京大学出版社，2001：84.
❸ 广州外国语学院编.泰汉词典［M］.北京：商务印书馆，2011：533.

②（连词）无论、不论、不管。卢居正、邱苏伦（1992）[1]指出："mâj wâː"常用于句首，用来加强语气，是"无论"的意思。邱苏伦、卢居正（1995）[2]指出，"mâj wâː"是连词，是"无论""不管"的意思。所以"mâj wâː"这个连词与汉语的"无论"或"不管"比较相似，可以用来表示条件或情况的不同，但句中结果或结论都不变，其后往往带有疑问代词或供选择的并列成分。

（二）"无论 / 不论 / 不管……都"和"mâj wâː... kɔː:"的对比

《现代汉语八百词》和《现代汉语虚词例释》明确地指出，"都"可以跟"无论 / 不论 / 不管"搭配使用。刘月华（2001）[3]指出，句中有"无论""不论""不管"时，谓语或第二个分句中要用"都"与之呼应。张斌（2001）[4]也指出，在表示无条件的复句中，前边小句出现"无论""不管"等关联词语，后边小句用"都"进行总括。总括的是任何情况、条件。不难看出，在表示条件的复句中，"都"可以与在所总括对象前的"无论""不论""不管"呼应使用，后边的小句用"都"进行总括。总括的是任何情况、条件。例如：

（213）无论下不下雨，我们都得上课。（《HSK 常用虚词例释》第 70 页）

（214）不论大小工作，我们都要把它做好。（《现代汉语八百词》第 177 页）

（215）不管他说什么，我都不在乎。（《现代汉语虚词词典》第 151 页）

《泰汉词典》（2011）[5]对"mâj wâː"的解释是:（连）"无论""不论""不管"。对"kɔː:"的解释是:"都"。罗奕原（2008）[6]指出，"mâj wâː"与"kɔː:"组成连词词组"mâj wâː... kɔː:"，表示假设，意思是"不管……都……""无论……都……"。陆生（2012）[7]指出，"mâj wâː... kɔː:"用于有表示任指的疑问

❶　卢居正，邱苏伦.泰语（第一册）［M］.北京：外语教学与研究出版社，1992：194.

❷　邱苏伦，卢居正.泰语（第四册）［M］.北京：外语教学与研究出版社，1995：70.

❸　刘月华.实用现代汉语语法［M］.北京：商务印书馆，2001：215.

❹　张斌.现代汉语虚词词典［M］.北京：商务印书馆，2001：151.

❺　广州外国语学院编.泰汉词典［M］.北京：商务印书馆，2011：533.

❻　罗奕原.基础泰语 2［M］.广州：广东世界图书出版公司，2008：211.

❼　陆生.大学泰语综合教程 2［M］.重庆：重庆大学出版社，2012：63.

代词或有表示选择关系的并列成分的句子里，表示在任何条件下结果或结论都不会改变。例如：

（216）ไม่ว่าพ่อสั่งสอนเท่าใด ลูกๆก็ไม่เลิกทะเลาะกัน（《基础泰语二》第 211 页）

mâj wâ:		pʰɔ̌:	sàŋ sɔ̌:n	tʰâw daj	lû:k lû:k	kɔ̂:
无论		爸爸	教育	怎么	孩子们	都
mâj		lɤ̂:k	tʰá?lɔ́?	kan		
没有		停止	吵架	相互		

无论爸爸怎么教育，孩子们都没有停止吵架。

（217）ไม่ว่าคุณจะเห็นด้วยหรือไม่ ผมก็จะไป（《基础泰语二》第 211 页）

mâj wâ:	kʰun	tɕà?	hěn dûaj	ruˇ:	mâj
不管	你	要	同意	或者	不
pʰǒm	kɔ̂:	tɕà?	paj		
我	都	要	去		

不管你同不同意，我都要去。

（218）ไม่ว่าคุณเรียนวิชาอะไรก็ต้องตั้งใจเรียน（《基础泰语二》第 211 页）

mâj wâ:	kʰun	ri:an	wíʔ tɕʰa:	ʔà? raj	kɔ̂:
不管	你	学	专业	什么	都
tɔ̂:ŋ	tâŋ tɕaj	ri:an			
必须	认真	学			

不管你学什么专业都必须认真学。

潘德鼎（2005）❶指出，"mâj wâ: tɕà?...（kɔ̂:）...（tʰáŋ nán）"表示任何情况下结果或结论都不变。"mâj wâ:"句中总有疑问代词或供选择的并列成分。"mâj wâ:"句中如果有动词，动词前一般都有"tɕà?"。例如：

---

❶ 潘德鼎 . 泰语教程（第二册）［M］. 北京：北京大学出版社，2005：233.

（219）ไม่ว่าจะทำเรื่องอะไร เธอก็ตั้งใจมาก

mâj wâ:	tɕàʔ	tʰam	rɯ̂ːaŋ	ʔàʔ raj	tʰɤː
不论	要	做	事	什么	她

kɔ̂ː	tâŋ tɕaj	mâːk
都	认真	非常

不论做什么事，她都非常认真。

（220）ไม่ว่าฉันจะอธิบายยังไง เขาก็ไม่เชื่อ

mâj wâ:	tɕʰǎn	tɕàʔ	ʔà tʰíʔ baːj	jaŋ ŋaj	kʰǎw
无论	我	要	解释	怎么	他

kɔ̂ː	mâj	tɕʰɯ̂ːa
都	不	相信

无论我怎么解释，他都不相信。

（221）ไม่ว่าจะเป็นตอนนี้หรือว่าอนาคตก็ต้องซื่อสัตย์และรักษาคำพูด

mâj wâ:	tɕàʔ	pen	tɔːn níː	rɯ̌ː wâ:	ʔà na: kʰót	kɔ̂ː	tɔ̂ːŋ
不管	要	是	现在	还是	将来	都	要

sɯ̂ː sàt lɛʔ rák sǎ: kʰam pʰûːt
诚实守信

不管是现在还是将来，都要诚实守信。

　　如果"mâj wâ:"句中只有名词或名词词组，没有动词，一般就不用
"tɕàʔ"。但这个句型之后经常有起强调作用的副词。例如：

（222）ไม่ว่าเรื่องอะไร ก็ต้องเตรียมให้พร้อมทั้งนั้น

mâj wâ:	rɯ̂ːaŋ	ʔàʔ raj	kɔ̂ː	tɔ̂ːŋ	tri:am	hâj pʰrɔ́ːm	tʰáŋ nán
无论	事情	什么	都	要	准备	好	都

无论什么事情，都要准备好。

（223）ไม่ว่างานใหญ่งานเล็ก พวกเราก็ต้องทำมันให้ดี

mâj wâ:	ŋa:n	jàj	ŋa:n	lék	pʰûːak raw	kɔ̂:
不论	工作	大	工作	小	我们	都

tɔ̂:ŋ	tʰam	man	hâj	diː
要	做	它	给	好

不论工作大小，我们都要把它做好。

另外，再看下面三个例句：

（224）a.ไม่ว่าใครไปฉันก็เห็นด้วย

maj wâ:	kʰraj	paj	tɕʰǎn	kɔ̂:	hěn dûaj
不管	谁	去	我	都（也）	同意

　　b. 不管谁去我都同意。

　　*c. 不管谁去我也同意。

在"不管……都"这种表示让步的句型中，泰语中的"kɔ̂:"可以同时表示"都"和"也"这两个意思，而且泰语中的这两个意思的区别并不明显，所以当翻译成汉语时，这一点对泰国学生来说就比较困难。因为在汉语的这种句型中是不可以使用"也"的，这也会使泰国学生在使用这种用法时很容易犯错误。

七、"疑问代词……都"和"kɔ̂:"

（一）"kɔ̂:"的语义

《泰语词典》（1999）❶ 对"kɔ̂:"的解释是：①"kɔ̂:"与"léːw""tɕɯŋ""jɔ̂:m"相同。②"kɔ̂:"可以放在短语的前后，用来突显信息、表示同意、承接上文或者强调说话者的语气。

笔者认为《泰语词典》对"kɔ̂:"的解释，容易使人认为泰语的"kɔ̂:"与

---

❶ ราชบัณฑิตยสถาน.พจนานุกรม ฉบับราชบัณฑิตยสถาน พ.ศ.2542（泰语词典）กรุงเทพฯ:นานมีบุ๊คส์พับลิเคชั่นส์，1999.

"lɛ́ːw""tɕɯɯŋ""jɔ́ːm"的语义及用法完全等同。实际上，它们之间在语法及语义上有很多不同之处。例如：

（225）a.ทำดีก็ได้ดี

tʰam	diː	kɔ̂ː	dâj	diː
做	好	就	得到	好

b.ทำดีจึงได้ดี

tʰam	diː	tɕɯɯŋ	dâj	diː
做	好	才	得到	好

c.ทำดีย่อมได้ดี

tʰam	diː	jɔ́ːm	dâj	diː
做	好	必然	得到	好

d.ทำดีแล้วได้ดี

tʰam	diː	lɛ́ːw	dâj	diː
做	好	了	得到	好

做好事就有好报。

（226）a.พอหันหน้ามาก็พบเขา

pʰɔː	hǎn	nâː	maː	kɔ̂ː	pʰóp	kʰǎw
一	转	脸	来	就	看到	他

b.พอหันหน้ามาจึงพบเขา

pʰɔː	hǎn	nâː	maː	tɕɯɯŋ	pʰóp	kʰǎw
一	转	脸	来	才	看到	他

c.พอหันหน้ามายอมพบเขา

pʰɔː	hǎn	nâː	maː	jɔ́ːm	pʰóp	kʰǎw
一	转	脸	来	必定	看到	他

d.พอหันหน้ามาแล้วพบเขา

pʰɔː	hǎn	nâː	maː	lɛ́ːw	pʰóp	kʰǎw
一	转	脸	来	了	看到	他

一转头就看到他。

由此不难看出，在上述例句中，"kɔ̂:"可以与"lɛ́:w""tɕɯɯŋ""jɔ̂:m"来替换，但它们也有稍微的差别。（225a）中"kɔ̂:"表示因果关系，这种因果是从说话人带有倾向性的主观评价出发的。（225b）中"tɕɯɯŋ"表示条件性的联系。在"tɕɯɯŋ"前面的部分表示了条件、原因，"tɕɯɯŋ"后面才表示结果。（225c）中"jɔ̂:m"表示事理上确定不移。（225d）中"lɛ́:w"表示动作或行为完成，就发生后一件事。在（226a）中的"kɔ̂:"表示说话人认为动作发生得早、快或用的时间少。（226b）中的"tɕɯɯŋ"有"连接性"的作用，用于连接先后发生的两件事情或两个动作。用"tɕɯɯŋ"表示说话人认为动作发生得晚、慢或用的时间多。（226c）中的"jɔ̂:m"表示判断或推论的确凿或必然。（226d）中的"lɛ́:w"表示一件事情之后接着又发生另一件事情。

由此可以发现不是泰语中有"kɔ̂:"的地方，就可以用"lɛ́:w""tɕɯɯŋ""jɔ̂:m"来替换。例如：

（227）a.ถ้าเขาไม่มา ฉันก็ต้องไป

thâ:	khǎw	mâj	ma:	tɕhǎn	kɔ̂:	tɔ̂:ŋ	paj
如果	他	不	来	我	也	要	去

*b.ถ้าเขาไม่มา ฉันจึงต้องไป

thâ:	khǎw	mâj	ma:	tɕhǎn	tɕɯɯŋ	tɔ̂:ŋ	paj
如果	他	不	来	我	才	要	去

*c.ถ้าเขาไม่มา ฉันย่อมต้องไป

thâ:	khǎw	mâj	ma:	tɕhǎn	jɔ̂:m	tɔ̂:ŋ	paj
如果	他	不	来	我	必然	要	去

*d.ถ้าเขาไม่มา ฉันแล้วต้องไป

thâ:	khǎw	mâj	ma:	tɕhǎn	lɛ́:w	tɔ̂:ŋ	paj
如果	他	不	来	我	了	要	去

如果他不来，我也要去。

很显然，（227a）中的"kɔ̂:"不能用"lɛ́:w""tɕɯɯŋ""jɔ̂:m"来替换。这说明《泰语词典》中用"lɛ́:w""tɕɯɯŋ""jɔ̂:m"来解释"kɔ̂:"的现象并不是

一个完全正确的处理方式。

《泰汉词典》（2011）对"kɔ:"的解释是:（连词）①也、亦。②就、便。③都。④又……又。例如:

（228）ถ้าคุณไป ผมก็ไป

tʰâ:	kʰun	paj	pʰǒm	kɔ:	paj
倘若	你	去	我	也	去

倘若你去，我也去。

（229）เลิกเรียนแล้วก็กลับบ้าน

lɤ̌:k riːan	léːw	kɔ:	klàp	bâːn
放学	了	就	回	家

放学了就回家。

（230）จะไปไหนก็สะดวก

tɕàʔ	paj	nǎj	kɔ:	sàʔ dùːak
要	去	哪儿	都	方便

上哪儿去都方便。

（231）ฝนก็ตกแดดก็ออก

fǒn	kɔ:	tòk	dɛ̀ːt	kɔ:	ʔɔ̀ːk
雨	又	下	阳光	又	出

又下雨又出太阳。

从上述的例句可以看出，"kɔ:"的用法十分复杂，相当于汉语的"也""就""都""又……又"等。

（二）"疑问代词……都"和"kɔ:"的对比

"都"常与疑问代词"哪""哪儿""谁""什么"等连用。刘月华在《实用现代汉语语法》中指出，句中有表示任指的疑问代词时，谓语中要用"都"

---

❶ 广州外国语学院编.泰汉词典［M］.北京：商务印书馆，2011：1.

与之呼应。❶ 这时"都"是不可缺少的。因为疑问代词的任指用法表示周遍性的意思，不是单数。 在泰语中与其相对应的形式如下：

1. 什么 + "都" +V

（232）อะไรๆฉันก็กินทั้งนั้น（《基础汉语一》第 214 页）

ʔàʔ raj ʔàʔ raj	tɕʰǎn	kɔ̂:	kin	tʰáŋ nán
什么	我	都	吃	都

我什么都吃。

（233）อะไรๆก็เทไปแล้ว（《基础汉语一》第 206 页）

ʔàʔ raj ʔàʔ raj	kɔ̂:	tʰe:	paj	lɛ́:w
什么	都	倒	去	了

什么都倒了。

（234）พวกเราอะไรๆก็ไม่ได้พูด（《基础汉语一》第 206 页）

pʰûːak raw	ʔàʔ raj ʔàʔ raj	kɔ̂:	mâj dâj	pʰûːt
我们	什么	都	不	谈

我们什么都不谈。

2. 谁 + "都" +V

（235）การบรรยายวันนี้น่าสนใจมาก ใครๆก็ไปฟัง（《泰国汉学会期刊》2009 年7月）

kaːn ban jaːj	wan níː	nâː sǒn tɕaj	mâːk	kʰraj kʰraj
演讲	今天	有意思	很	谁

kɔ̂:	paj	faŋ
都	去	听

今天的演讲很有意思，谁都去听。

（236）ใครๆก็ไม่ต้องทำงานชิ้นนั้นแทนเขา（《基础汉语一》第 207 页）

kʰraːj kʰraːj	kɔ̂:	mâj tɔ̂ːŋ	tʰam	ŋaːn	tɕʰín nán	tʰɛːn	kʰǎw
谁	都	不 用	做	事	件 那	替	他

谁都不用替他做那件事。

---

❶ 刘月华.实用现代汉语语法［M］.北京：商务印书馆，2001：215.

（237）ใครๆก็ชอบเขา（《泰国汉学会期刊》2009 年 7 月）

> kʰraj kʰraj　　　kɔ̂ː　　　tɕʰɔ̌ːp　　　kʰǎw
> 谁　　　　　　　都　　　喜欢　　　她
> 谁都喜欢她。

3. 哪儿 + "都" +V

（238）พวกคุณใช้จ่ายเงินไปไม่น้อย เพราะฉะนั้นตอนนี้ที่ไหนๆก็ไปไม่ได้แล้ว

（《基础汉语一》第 256 页）

> pʰûːak kʰun　　　tɕʰáj tɕàːj ŋɤːn paj　　　mâj　　　nɔ́ːj　　　pʰrɔ́ʔ tɕʰàʔ nán
> 我们　　　　　　花的钱　　　不　　少　　　所以
> tɔːn niì:　　　tʰîː nǎj nǎj　　　kɔ̂ː　　　paj　　　mâj　　　dâj　　　lɛ́ːw
> 现在　　　哪儿　　　都　　去　　不　　能　　了
> 我们花的钱不少，所以现在哪儿都不能去了。

（239）ที่ไหนๆก็มีแต่คน（《泰国汉学会期刊》2009 年 7 月）

> tʰîː nǎj nǎj　　　kɔ̂ː　　　miː tɛ̀ː　　　kʰon
> 哪儿　　　都　　有　　人
> 哪儿都有人！

值得说明的是，泰语的"ʔàʔ raj ʔàʔ raj""kʰraj kʰraj"和"tʰîː nǎj nǎj"都表示复数，而且泰语中疑问代词的重叠往往表示复数。汉语的疑问代词"哪""哪儿""谁""什么"等也表示周遍性的意思，这一点是相同的。

另外，如何区分"都"和"也"也是泰国学生很容易出错的地方。比如：

（240）a.ใครๆก็อยากไป

> kʰraj kʰraj　　　kɔ̂ː　　　jàːk　　　paj
> 谁　　　都（也）　想　　去
> b. 谁都想去。
> *c. 谁也想去。

（241）a.ฉันกินอะไรก็ได้

tɕʰăn	kin	ʔàʔ raj	kɔ̌:	dâj
我	吃	什么	都（也）	行

　　b. 我吃什么都行。

　　*c. 我吃什么也行。

从上述的两个例子可以看出，在泰语的例句中，由于"kɔ̌:"同时包含"都"和"也"的意思，所以，无论这里的"kɔ̌:"是表示"都"还是"也"对句子意思的影响都不大，泰国学生也很难觉察到其中的区别。在汉语中却只能用"都"，用"也"的话句子是不合法的。"也"不能出现在这类句子中是因为当它用来表示"类比"的意思时，句子中需要出现它类比的对象，所以当上述例句中缺少一个类比的对象存在的时候就不能使用"也"。

八、"连……都……"和"mɛ́: tɛ̀:… kɔ̌:…"

邱苏伦、卢居正（1995）[1] 指出，"mɛ́: tɛ̀:"是"连"的意思，其后有时有一个量词和"di:aw"（เดียว）构成的词组与其搭配。邢慧如、岑容林（1992）[2] 指出，"mɛ́: tɛ̀:"是副词，起加强语气的作用。意为甚至，相当于"连（……都）"。

实际上，"连……都……"早就引起了人们的关注，这方面的研究成果也非常多，但这些研究中大多是针对"连……都……"的本体的，从对外汉语教学角度研究的成果非常有限。[3] 雅洪托夫（1959）指出，"汉语里几乎每个句子成分都可以用'连'这个词来强调。"[4]

"连……都……"格式属于强调范畴。[5] 许多人都同意"连……都……"

---

[1] 邱苏伦，卢居正. 泰语（第四册）[M]. 北京：外语教学与研究出版社，1995：13.

[2] 邢慧如，岑容林. 泰语（第二册）[M]. 北京：外语教学与研究出版社，1992：107.

[3] 李燕辉."连……都/也……"及其习得研究 [D]. 北京：北京大学，2012：1.

[4] 雅洪托夫. 汉语的动词范畴 [M]. 北京：商务印书馆，1959：68.

[5] 肖奚强. 外国学生汉语句式学习难度及分级排序研究 [M]. 北京：高等教育出版社，2009：83.

用于强调，如朱德熙（1982）❶指出，"连"常常跟"都""也"配合起来用，强调已经说到的事物和其他事物之间的一致性。吕叔湘在《现代汉语八百词》中指出"都"与"连"字同用，有强调语气的作用。《现代汉语教与学词典》也指出"连"跟"都"相搭配，表示强调。持这种观点的还有刘松江（1993）、❷洪波（2001）、❸刘珣（2007）、❹杨晓明、韩闽红（2007）、❺李文浩（2008）❻等。

教学大纲及对外汉语教材也将"连……都……"格式列为强调的方式，如《汉语水平等级标准和语法等级大纲》《对外汉语教学语法大纲》《高等学校外国留学生汉语言专业教学大纲》《汉语教程》《发展汉语》《HSK 考前强化语法》《外国人实用汉语语法》《HSK 常用虚词例释》等。

不难看出，"连……都……"用于强调，这已为大家所接受。"连……都……"可以强调主语、谓语和宾语。例如：

（242）连孩子们都很讲礼貌。（《外国人实用汉语语法》第 608 页）

（243）蛇她连看都不敢看。（《图解基础汉语语法》第 286 页）

（244）他连角落里的灰都扫掉了。（《外国人实用汉语语法》第 609 页）

"连……都……"格式在（242）中强调主语"孩子们"，在（243）中强调谓语动词"看"，在（244）中强调宾语"角落里的灰"。

泰语的"mɛ́ː tɛ̀ː... kɔ̂ː..."用来表示加强调语气的作用。例如：

（245）แม่แต่เด็กก็ยังเข้าใจในหลักการนี้（《泰国汉学会期刊》2009 年 8 月）

mɛ́ː tɛ̀ː	dèk	kɔ̂ː	jaŋ	kʰâw tɕaj	naj	làk kaːn	níː
连	小孩子	都	还	懂	里	道理	这

连小孩子都懂得这个道理。

❶ 朱德熙.语法讲义［M］.北京：商务印书馆，1982：190.

❷ 刘松江.反问句的交际作用［J］.语言教学与研究，1993（2）.

❸ 洪波."连"字句续貂［J］.语言教学与研究，2001（2）.

❹ 刘珣.对外汉语教育学引论［M］.北京：北京语言大学出版社，2007.

❺ 杨晓明、韩闽红.关于汉语"连……也/都……"句式的思考［J］.北京邮电大学学报（社会科学版），2007（4）.

❻ 李文浩.汉语"动～叠＋补"结构研究［D］.上海：上海师范大学，2008.

（246）เรื่องประหลาดเช่นนี้ แม้แต่ฟังฉันก็ยังไม่เคยฟัง（《泰国汉学会期刊》2009 年 8 月）

ruî:aŋ	prà? là:t	tɕʰên	nìi:	mɛ́: tɛ̀:	faŋ	tɕʰăn
事	怪	样	这	连	听	我

kɔ̂:	jaŋ	mâj	kʰɤ:j	faŋ
都	还	没	过	听

这样的怪事，我连听都没听过。

（247）แม้แต่เกี๊ยวก็ห่อเป็น（《图解基础汉语语法》第 285 页）

mɛ́: tɛ̀:	kíːaw	kɔ̂:	hɔ̀:	pen
连	饺子	都	包	会

连饺子都会包。

由上明显可以看出，"连……都……"和"mɛ́: tɛ̀:... kɔ̂:..."都属于强调范畴。它们都可以强调主语、谓语和宾语，这一点是相同的。

陆庆和、黄兴（2009）❶指出，"有时这类结构中的'连'可以省略，只用'都'，意思不变。"如：

（248）教师里连一个人影儿都看不见。（《汉语水平步步高：副词》第 285 页）

（249）这次考试，他（连）一个汉字都没写错。

（《汉语水平步步高：副词》第 285 页）

（250）（连）三岁小孩都懂这个道理，你这么大了，怎么不懂？

（《汉语水平步步高：副词》第 285 页）

值得一提的是，在泰语的"mɛ́: tɛ̀:... kɔ̂:..."格式中，如果省略了"mɛ́: tɛ̀:"，就无法表示强调的作用。例如：

（251）（แม้แต่）ฉันก็อยากไป

（mɛ́: tɛ̀:）	tɕʰăn	kɔ̂:	jà:k	paj
连	我	都	想	去

连我都想去。

---

❶ 陆庆和，黄兴 . 汉语水平步步高：副词［M］. 苏州：苏州大学出版社，2009：101.

（252）แม้แต่เขาอาศัยอยู่ที่ไหน ฉันก็ไม่รู้《泰国汉学会期刊》2009 年 8 月）

（mɛ́: tɛ̀:）kʰǎw ʔa: sǎj jù: tʰî: nǎj tɕʰǎn kɔ̂: mâj rú:
连 他 住在 哪儿 我 都 不 知道
连他住在哪儿我都不知道。

在（251）中，如果省略了 "mɛ́: tɛ̀:"，意思就变了，直译成汉语是 "我也想去"。（252）中，如果省略了 "mɛ́: tɛ̀:"，直译成汉语是 "我也不知道他住在哪儿"。可见，汉语中的 "连……都……" 有时可以省略，而且意思不变。但泰语中的 "mɛ́: tɛ̀:... kɔ̂:..."，如果省略了 "mɛ́: tɛ̀:"，句子的意思就会产生变化。

九、"一……都＋不／没……" 和 "... kɔ̂:"

齐沪扬（2011）**❶** 指出："一……都＋不／没" 的结构中，表示一种完全否定。陆庆和、黄兴（2009）也指出 "这是一个对动作加以完全否定的强调结构"。**❷**

"一……都＋不／没" 句式用来强调否定，泰语 "kɔ̂:" 句式也用来强调否定，这一点是相同的，例如：

（253）（衣柜里）一件衣服都没有。

（ในตู้เสื้อผ้า）เสื้อผ้าชุดหนึ่งก็ไม่มี

（naj tû: sɯ̂:a pʰâ:）sɯ̂:a pʰâ: tɕʰút nɯ̀ŋ kɔ̂: mâj mi:
（里 衣柜 ） 衣服 件 一 都 没 有

（254）一个字都没写。

ตัวเดียวก็ไม่ได้เขียน

tu:a di:aw kɔ̂: mâj dâj kʰǐ:an
个 一 都 没 写

❶ 齐沪扬. 现代汉语语气成分用法词典［M］. 北京：商务印书馆，2011：108.

❷ 陆庆和，黄兴. 汉语水平步步高：副词［M］. 苏州：苏州大学出版社，2009：101.

（255）（最近大伟忙得）一点儿时间都没有。

（ระยะนี้ต้าเว่ยยุ่งจน） เวลานิดเดียวก็ไม่มี

（ráʔ jáʔ níː tâː wɤ̂ːj jûŋ tɕon） weː laː nít diːaw kɔ̂ː mâj mi

（最近 大伟 忙得） 时间 一点儿 都 没 有

由以上例句可见，"一……都＋不／没"和泰语"kɔ̂ː"句式在上下文清楚的情况下，名词可以省略。如（253）中，在汉语可以省略"衣柜里"，在泰语也可以省略。

这里有一点需要注意，虽然上述例句中的"一件""一个"都是单数，但也可以使用"都"。这是因为"一"这个词在例句中表达了最小的量，所以句子就通过否定最小的量来实现对整个集合的否定。如"一口饭他都不吃""他一句话都不说"等。

十、"都……了"在泰语中的表达

关于"都……了"句式中"都"的词类归属问题，张谊生（2003）❶明确地指出："'都'表'已经'的用法，其实只是语气副词'都'在使用中强调方式和强化范围的扩展而已，副词'都'，根本就不可能单独表示时体义"。试比较：

（256）a. 都五年。

b. 五年了。

c. 都五年了。

在（256a）中，无"了"时该结构中的"都"只能表示总括，而（256b）和（256c）中，凡带"了"的句子都有表示已经义，值得注意的是，如果在（256c）中，即使没有"都"，还具有表示已经义，相反，如果把"了"删去，则该结构的"已经"义会消失。由此看来，"都……了"表示的"已经"义并不是由"都"来作为载体的，而是由"了"所带来的。笔者认为语感上的"已

---

❶ 张谊生. 现代汉语副词探索［M］. 上海：学林出版社，2004：62.

经"义是来自将"都……了"结构义赋予"都"的结果。例如：

（257）a.จางซันเป็นศาสตราจารย์

tɕaːŋ	san	pen	sàːt traː tɕaːn
张	三	是	教授

张三是教授。（戴悉心［2010］）

b.จางซันเป็นศาสตราจารย์แล้วนะ

tɕaːŋ	san	pen	sàːt traː tɕaːn	léːw	náʔ
张	三	是	教授	了	都

张三都是教授了。（戴悉心［2010］）

戴悉心（2010）[1]指出，"都"会有"已经"义来自直觉上由部分组成新整体的感知过程。如（257a）中，"都……了"增加的语义正好吻合"张三是教授"是经历了一个变化过程而得到的结果。在泰语里，所谓的"已经"义是"léːw"所带来的，"náʔ"在这里是强调某种情况的不同寻常性或特殊性。

齐沪扬（2011）[2]指出："都……了"用于强调已经出现或即将出现的情况，句末有语气助词"了"配合使用。

（258）a. 二十八岁了。

อายุยี่สิบแปดแล้ว

ʔaː júʔ	jîː	sìp	pèːt	léːw
年龄	二	十	八	了

b. 都二十八岁了。

อายุยี่สิบแปดแล้วนะ

ʔaː júʔ	jîː	sìp	pèːt	léːw	náʔ
年龄	二	十	八	了	都

从语义上看，在（258a）中，当没有"都"时，句子仅表示新情况的出现或变化的发生，不带有任何的感情色彩，并不附带说话人的主观态度。

---

❶ 戴悉心."都"与汉语相关量化问题研究［D］.北京：北京语言大学，2010：56.
❷ 齐沪扬.现代汉语语气成分用法词典［M］.北京：商务印书馆，2011：107.

（258b）中，表示说话人认为自己的年龄已经不小了。由此不难看出，有"都"时，句子不仅叙述一种变化或新情况的发生，还带有浓厚的感情色彩，并附加说话人对这种变化或新情况所反映的某种情况所表达的程度的看法。在泰语中，无"náʔ"时，就是客观地介绍情况，不带有任何的感情色彩，这一点与汉语非常相似；有"náʔ"时，附加了说话人强调情况的特别性或不寻常性的语气，在一定语境下有某种暗含的情绪或态度。

由以上不难看出"都"和泰语的"náʔ"都有强调的意味，试比较：

（259）เขาเป็นนักศึกษาแล้ว

　　　　kʰǎw　　　　pen　　　nák sɯ̀k sǎ:　　lɛ́:w
　　　　他　　　　　是　　　　大学生　　　　　了
　　　　他，大学生了。

（260）เขาเป็นนักศึกษาแล้วนะ

　　　　kʰǎw　　　　pen　　　nák sɯ̀k sǎ:　　lɛ́:w　　　náʔ
　　　　他　　　　　是　　　　大学生　　　　　了
　　　　他，都大学生了。

在（259）中可以体会到句中含有"他"从某一阶段到"大学生"这个阶段的转变，有一种从前至后的时间性，而在（260）中有了"都"和"náʔ"，就可以体会到"他"从其他某一阶段到"大学生"这一阶段的转变的时间之快。后者有一种惊奇、出乎意料的语气。以上实例已证明，这些句子的语义特征是"都"和"náʔ"带来的。说话人在使用"都"和"náʔ"时，往往涵盖一定的主观感情色彩。

另外，说话人在使用"都……了"时，也会含着一种主观上对量的判断。例如：

（261）อายุยี่สิบแล้วนะ ยังต้องอาศัยพ่อแม่หรือ

　　　　ʔa: júʔ　jî:　sìp　lɛ́:w　náʔ　jaŋ　tɔ̂:ŋ　ʔa: sǎj　pʰɔ̂:　mɛ̂:　rɯ̌:
　　　　年龄　二　十　了　都　还　要　靠　爸爸　妈妈　吗
　　　　都二十岁了，还要靠爸爸妈妈吗？（《外国人学汉语语法》第70页）

在（261）中，"二十岁"在说话人的看法，"二十岁"已经不小了，不应该靠爸爸妈妈了。

在"都……了"这样的句子里，"都"有时可以替换成"已经"，表达的意思却有区别。例如：

（262）a. 他回来的时候，饭已经凉了。

　　　　b. 他回来的时候，饭都凉了。

可以看出，虽然"都"可以替换成"已经"，但语义显然是不同的。在（262a）中，用"已经"时，就没有强调的意思，只是叙说饭由热变凉的事实，而在（262b）中，用"都"时，说话人觉得"饭凉了"不是一个一般的事情，则表示"他"出去的时间太长。由此不难看出，"都"表达了强调的语气，强调某种情况不是一般的情况，如果换用了"已经"就没有强调的意思。

笔者认为，任何一种语言，如果有两种不同的表达方式，它们就应该有的不同的语法功能或语义特点。例如：

（263）10 点了。

（264）已经 10 点了。

（265）都 10 点了。

以上三例中，它们表达的语义是有区别的。（263）中是指说话的这一时刻的时间是 10 点。（264）中是指在说话的时候，时间已经过了 10 点。（265）中用"都"时，就表示说话人觉得"10 点"不是一般的时间，而是很晚了。

值得说明的是，不是在汉语中出现"都……了"的地方，在泰语中一定要用"náʔ"，有时可以通过用重读的方式来表达，而且泰语表达这个义项时，必须重读所强调的成分。例如：

（266）ตอนนี้หกโมงแล้ว ทำไมยังไม่ลุกจากเตียง（《比较汉语语法》第 158 页）

　　　　tɔːn niːˋ　hòk　moːŋ　léːw　tʰam maj　jaŋ　mâj　lúk tɕàːk tiːaŋ

　　　　现在　　六　点　了　　怎么　还　不　　　起床

　　　　现在都六点了，怎么还不起床？

（267）เขาอายุยี่สิบแล้ว ยังเรียนมหาวิทยาลัยปีหนึ่งอยู่（《比较汉语语法》第 159 页）

kʰǎw	ʔa: júʔ	jîː	sìp	léːw	jaŋ	riːan
他	岁	二	十	了	还	读

má hǎː wít ja: laj			pi: nɯ̀ŋ		jûː
大学			大一		在

他都二十岁了，还读大一呢。

（268）ข้าวเย็นแล้ว รีบกินเสียเถอะ（《现代汉泰词典》第 249 页）

kʰâːw	jen	léːw	rîːp	kin	sǐːa tʰɤʔ
饭	凉	了	快	吃	吧

饭都凉了，快吃吧。

在（266）中，"现在都六点了，怎么还不起床？" 在泰语应重读 "六点"，（267）应重读 "二十岁"，（268）应重读 "凉"，这样才能把相应的成分强调出来。

第五节　小　　结

根据汉、泰语的对比，可以发现汉语 "都" 的不同义项和用法在泰语中对应不同的词，并且可以根据本章的调查，对泰国学生汉语 "都" 的习得难度做出以下预测：

（1）"都" 带谓语的表达在泰语中可以有将近十种的对应表达方式，这无疑是泰国学生在学习 "都" 时的最大难点之一。如何能够掌握这种复杂的对应关系并熟练应用在具体的语言环境中，将是所有学习汉语的泰国留学生都需要克服的困难。

（2）泰语的 "kɔ:" 对应汉语中的 "都""就""也"，也是一对多的分裂形式，而 "都""就""也" 在汉语中的功能有部分相同，也有部分不同。这种一对多式的交叉对应在教学难度的等级排序上最高，即习得难度非常大。因此，泰国学生在学汉语"都"时面临的问题可以归纳为，泰语中用同一个形式能表达的意义，在汉语中却要把语法详细区分成多个不同的形式。然而可以预测的是，这种交叉会引起误代偏误。

（3）"每"与"都"共现时，泰语中并不要求一个类似"都"这样的副词跟它相配，句子就能合法，但汉语中"每"一般必须与"都"相配句子才能成立。所以，习得难度也比较高，学生容易出现遗漏偏误。

（4）"都是"和"连……都……"的位置及用法比较单一，格式比较固定，而且在泰语中也有同样的句式，习得难度最低。

第四章　泰国学生汉语"都"的偏误分析

　　在第三章中，通过汉语"都"与泰语相关用法的对比研究可以看出，汉、泰两种语言之间在这方面具有一定的共性和个性，但这些词语并不是一一对应的关系，而是一种交叉对应的复杂现象。作为一名母语为泰语的汉语学者和汉语教师，笔者发现泰国学生在学习汉语和使用汉语"都"的过程中，出现了很多偏误，而且呈现出一定的规律。陆俭明（1999）❶ 提出对外汉语研究的四个步骤，其中第二个步骤就是"加强汉外对比研究和外国学生偏误分析研究，以便尽可能有针对性地进行对外汉语教学"。因此，本书在语料库的基础上结合问卷调查来探讨泰国学生"都"的偏误类型及成因，以便找出行之有效的"都"的教学对策，使泰国学生能更好地理解和掌握汉语副词"都"，同时希望这项研究能够为泰国汉语教学做出贡献以及有效地促进教材的编写。

---

❶　陆俭明.关于开展对外汉语教学基础研究之管见［J］.语言文字应用，1999（4）.

第一节 基于《HSK 动态作文语料库》泰国学生汉语"都"的偏误分析

本文所选取的语料来自北京语言大学的《HSK 动态作文语料库》（以下简称《语料库》），下面对《语料库》中泰国学生汉语"都"的使用情况进行考察。本书进行检索的方式是：使用"字符串检索"输入"都"，选择"按字查询"和"所有"，在条件一栏中选择"国籍＝泰国"，从中介语料库中共检索到汉语"都"661 例，其中正确用例 632 例，正确率占语料总数的 95.61%，偏误用例 29 例，偏误率占语料总数的 4.39%。语言习得的偏误可以从不同的角度做不同的分类。本书根据鲁健骥（1994）❶对偏误类型的分类，即遗漏、错序、误加、误代，分析泰国学生汉语"都"的使用情况。《语料库》中泰国学生习得"都"的偏误类型可以归纳为表 4-1。

表 4-1 各种偏误总体情况统计

偏误类型	偏误数量（例）	比例（%）	排序
遗漏偏误	14	48.28	1
误代偏误	11	37.93	2
误加偏误	3	10.34	3
错序偏误	1	3.45	4

从表 4-1 可以看到，总体上来说遗漏偏误的出现率最高，达 48.28%，排在第一位；误代偏误的出现率是 37.93%，排在第二位；误加偏误的出现率是 10.34%，排在第三位。这三方面的偏误是泰国学生使用"都"时出现的三大

---

❶ 鲁健骥.外国人学汉语的语法偏误分析［J］.语言教学与研究，1994（1）.

偏误类型。

根据上述对语料库中关于"都"的统计可以看出，虽然与"都"相关的偏误概率不是特别高，但是由于这些语料是来自参加 HSK 考试的同学的，大部分都是三年级、四年级的汉语专业本科生，他们本身的汉语水平较初学者来说已有很大的提高。而且这些学生考试的目的当然是尽可能地得到高分，所以他们在考试的过程中大部分都倾向于使用自己更有信心的句子，对自己没有把握的相关用法会进行回避，从而降低语法错误出现的概率，同时这样也就降低了"都"的偏误率。然而，根据笔者多年对泰国学生的教学经验，笔者发现在实际生活中泰国学生使用"都"时出现的错误概率要远远高于上面的统计结果。对初学者来说，"都"的确是一个非常容易出错的难点，而且专家学者对"都"的偏误研究历史已经很长，至今"都"仍是一个热点话题。鉴于目前针对泰国学生"都"的习得的研究数量极少，因此，本书也选择"都"作为研究的对象。

一、遗漏偏误

"遗漏偏误"是指在句子中必须用"都"的时候而没用，因而导致偏误。在《语料库》中，产生此类偏误的句子共有 14 句，占偏误用例总数的 48.28%。

（一）与"每"同现时

汉语的"都"常跟泰语"Tʰaŋ mòt"对应，但是当"每"与"都"共现时，在泰语没有对应的语言项，对于泰国学生来说并不是那么容易掌握的。于是泰国学生就不知何时该用"都"，何时不该用"都"。而且学生常常会忽略它们之间的相配关系，因此有可能采用回避策略，导致"都"的遗漏。如：

（1）［误］我相信困难，挫折是每个人【　】不想碰到的。

　　　［正］我相信困难，挫折是**每**个人都不想碰到的。

（2）［误］这句话对**每**个孩子来说【　】应是有很感动。

[正]　这句话对**每**个孩子来说**都**应该是很感动的。

（3）[误]　她把**每**个挫折【　】当她的老师。

　　　[正]　她把**每**个挫折**都**当作她的老师。

（4）[误]　忆起童年，我相信**每一**位【　】有酸甜苦辣的过去。

　　　[正]　忆起童年，我相信**每一**位**都**有酸甜苦辣的过去。

（5）[误]　我小的时候，**每**周日他【　】会去书店看书买书。

　　　[正]　我小的时候，**每**个周日他**都**会去书店看书买书。

（6）[误]　这当然不是，除了这两个地方以外，**每**周末我【　】会到外去
　　　　　散散心。

　　　[正]　这当然不是，除了这两个地方以外，**每**个周末我**都**会到外面
　　　　　去散散心。

（7）[误]　刚开始学汉语时，对我来说最吃力的是汉字较复杂，**每**横**每**
　　　　　竖【　】要慎重，差了一点，意思就变了，所以我只好天天练
　　　　　习写字。

　　　[正]　刚开始学汉语时，对我来说最吃力的是汉字较复杂，**每**横**每**
　　　　　竖**都**要慎重，差了一点，意思就变了，所以我只好天天练习
　　　　　写字。

　　上面的这些例句，对在汉语中一定用"都"，而泰语不必用"都"的情况
进行了总括。笔者认为，泰国学生之所以出现这种偏误，原因之一是受到了
泰语的影响。由于这些句子在翻译成泰语时，在泰语中没有出现与汉语"都"
相对应的语法成分，有些学生就会感到茫然。所以当遇到这种句子时，他们
一般都会按照泰语的结构将其直译过来，从而造成偏误。另外，学生对"每
……都……"用法的掌握程度不够高。学生在使用"每……都……"时，可
能只注意到了汉语的"每"，而忽略掉了后面的"都"。通过对以上例句的分
析可以发现，在句子中出现"每"时"都"是很容易被泰国学生遗漏的。并且，
根据调查，这种结构造成的"都"的遗漏是泰国学生比较突出的一个偏误类
型，偏误率比较高。

（二）与"所有"同现时

与"每……都……"结构相类似，在汉语中"所有"与"都"能够同时使用，但在泰语中则不可以。所以在泰国学生尚未熟练掌握"都"的用法时，他们同样也可能会完全按照泰语的语序翻译成汉语，从而会漏掉"都"。如：

（8）［误］ 我国有法律，所有的人【 】应该依靠法律。

　　　［正］ 我国有法律，所有的人都应该依靠法律。

（9）［误］ 我只能把他们给我的那些技巧同时也把我所有的勇气【 】带到考场。

　　　［正］ 我只能把他们给我的那些技巧和我所有的勇气都带到考场。

（10）［误］ 我想回国后，为了国家和社会把我所有的知识【 】贡献出来。

　　　［正］ 我想回国后，为了国家和社会把我所有的知识都贡献出来。

可以看到，以上偏误例句的用法和泰语句子的语序是完全相同的，它们是根据泰语的语序直译成汉语的，所以就造成在汉语的"所有"与"都"同现时，翻译成泰语后省略了类似"都"的词语，也就导致"都"的遗漏。

（三）"无论／不论／不管……都……"中

（11）［误］ 无论什么【 】可以商量。

　　　［正］ 无论什么事都可以商量。

（12）［误］ 后来无论谁来叫我帮忙，我【 】会高高兴兴地为他服务。

　　　［正］ 后来无论谁来叫我帮忙，我都会高高兴兴地为他服务。

（13）［误］ 我认为不管发生什么事，我们【 】不应该放弃一切而逃跑，这样的人永远不会成功的。

　　　［正］ 我认为不管发生什么事，我们都不应该放弃一切而逃跑，这样的人永远不会成功的。

（14）［误］ 无论做什么事情，【 】不会有那么理想、那么顺利的。

　　　［正］ 无论做什么事情，都不会有那么理想、那么顺利的。

在汉语中，"都"是可以跟"无论／不论／不管"等词搭配使用的。在表示条件的复句中，"都"可以与在所总括对象前的"无论""不论""不管"等词呼应使用，后边的小句用"都"进行总括。总括的内容可以是任何情况、条件。在泰语中，"无论／不论／不管……都……"的结构是用"mâj wâ:…kɔ̂:"来表达的，可以看作它们的一种对应形式。虽然这种表达形式在这两种语言中是对应的，但由于学生对这种结构的掌握程度不同，也会产生一定的偏差。一般来说，泰国学生对汉语的"都"的理解是它用于两个或两个以上的名词，也就是与复数名词连用，但由于在"无论／不论／不管……都……"结构中的名词是单数形式，所以在使用的时候可能会造成"都"的遗漏，因此产生偏误。

总之，泰国学生在习得汉语"都"过程中，经常出现"都"的遗漏偏误原因有以下几点：一般来说，泰国学生是在掌握了泰语语法规则之后再来学汉语"都"的，在学习汉语的过程中，会尝试将已知的泰语语法规则应用到汉语"都"学习上，于是造成偏误。有的学生只根据汉、泰两种语言表面的相同点，就把它们简单地对等起来，而忽视了它们之间的差异，这样也会导致偏误。比如在句子"我每个月都去北京"中，这个句子在汉语中一定要使用"都"，泰语中却一定不可以使用"都"。"每"与"都"共现时，泰语中并不要求一个类似"都"这样的副词跟它相配，句子就能合法，但"每"一般情况下必须在与"都"相配时句子才能成立。

另外，泰国学生不清楚"都"的使用规则，没有把标志性的词与"都"建立起联系，所以经常出现"都"遗漏偏误。

二、误加偏误

"误加偏误"是指加上了不必要的语言成分。在《语料库》中，产生此类偏误的句子共有3句，占偏误用例总数的10.34%。

（15）［误］聚会都会一片欢乐。

　　　［正］聚会一片欢乐。

（16）［误］ 但是对它的歌迷都很多。

［正］ 但是她的歌迷很多。

（17）［误］ 但因为分班都没有异性的朋友，就因为对异性的不了解，尤其是女孩子，会受到较多的伤害。

［正］ 但因为分班没有异性的朋友，因为对异性的不了解，尤其是女孩子，会受到较多的伤害。

以上三个误例中，泰国学生可能以为只要在句中出现了"很多""分班"等词就表示句子中有了复数概念，所以后面一定可以用"都"。这样也就造成"都"的使用过度泛化现象。"都"虽然经常与表示复数概念的用法共同使用，但是"都"的使用也是需要受到一定的限制的。所以，在教学过程中应该注意到这一点，让学生注意到并不是一遇到句中有复数概念的时候就可以使用"都"的。比如，"我们是泰国人。"这个句子是合法的，也表示复数的概念，但是如果在句中加上"都"的话，该句就变成了"我们都是泰国人"。虽然这个句子也是合法的，但是句子的语义有所变化，"都"在这里就发挥了总括的作用。因此，如何判断出句子的正确用意来决定该不该使用"都"是泰国学生需要掌握的能力。

三、误代偏误

把"都"与其他词语混淆时，会出现误代的偏误。在《语料库》中，产生此类偏误的句子共有 11 句，占偏误用例总数的 37.93%。

（一）"都"和"就"的误代

关于"都"和"就"的误代，从泰国学生使用"都"和"就"的错误来看，主要有两种类型：（1）该用"都"，反而用了"就"；（2）该用"就"，反而用了"都"。出现这种偏误的原因，主要有三种：第一，"就"和"都"本身存在一些比较复杂的共用现象。第二，受到泰语的干扰，由于泰汉词典直接把泰语"kɔ:"解释为汉语"就"，再加上"kɔ:"在泰语里也可以用"都"

来表示，因此泰国学生很容易产生混淆。第三，目的语知识的过度泛化，即汉语知识掌握不完全对学习新的语法现象的干扰。

（18）［误］ 不管老年人、女性、孩子，他们**就**感觉到身体越来越好，
心情也好，周围的环境也变好了。

　　　［正］ **不管**老年人、女性、还是孩子，他们**都**感觉到身体越来越好，
心情也好，周围的环境也变好了。

（19）［误］ 其实，不论是男女混合式教育或男女分班，目的**就**注重在
教育上。

　　　［正］ 其实，**不论**是男女混合式教育或是男女分班，目的**都**在注
重教育上。

（20）［误］ 近年以来，任何国家，不管人们走到哪个地方，**就**经常能
看见"禁止吸烟"的牌子。

　　　［正］ 近几年以来，在任何国家，**不管**人们走到哪个地方，**都**能
经常看见"禁止吸烟"的牌子。

　　根据以上的例句，可以看出，泰国学生犯以上的偏误的原因，主要是没有掌握好"无论／不论／不管……都……"句式的用法。"无论／不论／不管"和"都"一起用表示在任何条件下结果或结论都不会改变。另外，可能是受到泰语的干扰，由于"无论／不论／不管……都……"句式可以与泰"mâj wâː…kɔ̌ː…"对应，加上"都"和"就"都可以翻译成泰语"kɔ̌ː"，所以泰国学生把该用"都"的句子，反而用了"就"。除了以上的原因，可能还会有另外的原因，那就是目的语知识的过渡泛化，产生这样的偏误主要是由于泰国学生造句时，只注意到在表示条件的复句中，要用"都"，但忽视了与"都"共现的其他成分，按照规则使用了"就"，因此产生这样的偏误。

　　笔者发现泰国学生"都"和"就"的误代偏误，除了出现在"无论／不论／不管……都……"句式之外，还出现在以下几个句式中：

（21）［误］ 子女的有新的观念，做什么**就**自有主张，不太问父母，之
所以出现上述的情况是因为父母的思想还有些古板，有时

不知道子女的需要。

[正] 子女有新的观念，做什么**都**自有主张，不太问父母，之所以出现上述的情况是因为父母的思想还有些古板，有时不知道子女的需要。

泰国学生出现上述偏误的主要原因有二：其一，泰国学生没掌握好"疑问代词＋都……"句式的用法。句中有表示任指的疑问代词时，谓语中要用"都"与之呼应。这时"都"是不可缺少的。因为疑问代词的任指用法表示周遍性的意思，不是单数。其二，受到母语的干扰，由于"疑问代词＋都……"句式能与泰语"ʔàʔ raj ʔàʔ raj kɔ̂ː... tʰáŋ nán"对应，因为泰语"kɔ̂ː"除了能翻译为"都"，还能与"就"对应，泰国学生因为受到泰语的负迁移影响，因此产生混淆。

（22）[误] **每**次我父亲回来时他**就**说不想再干了。

[正] **每**次我父亲回来时他**都**说不想再干了。

对泰国学生而言，学习"都"的难点除了"都"本身复杂难以掌握之外，"都"和"就"与泰语"kɔ̂ː"之间的异同，对泰国学生来说不好区分，很容易产生混用。（22）中的偏误除了泰国学生没有掌握好"每……都……"句式之外，引起这种偏误的最主要原因还是受到泰语的影响。

通过分析，可以发现泰国学生使用"都"时，出现本来应该用"就"的句子，泰国学生反而用了"都"，从而出现下列病句：

（23）[误] 尤其是在街上空气已经很稀少了，再加上许多抽烟的男孩在我的周围吸烟，一回到宿舍**都**会头疼，甚至眼也会疼。

[正] 尤其是在街上空气已经很稀少了，再加上许多抽烟的男孩在我的周围吸烟，一回到宿舍**就**会头疼，甚至眼也会疼。

（24）[误] 一生下来，人**都**分为两性：男人和女人。

[正] 一生下来，人**就**分为两性：男人和女人。

（25）[误] 我也像一般年轻人一样喜欢流行歌曲。特别是汉语歌，我从小**都**听汉语歌了，这可以说是我学汉语的原因。

　　　[正]　我也像一般年轻人一样喜欢流行歌曲，特别是汉语歌，我
　　　　　从小**就**听汉语歌了，这可以说是我学汉语的原因。
（26）[误]　因此从小的时候，父亲**都**很希望我去学学中文。
　　　[正]　因此从小的时候起，父亲**就**很希望我去学中文。

　　上述例句是泰国学生在使用"都"时经常出现的偏误，产生这种偏误主要的原因是母语的负迁移。泰国学生在不熟悉"都"的语法规则的情况下，常常会依赖母语的知识，由于"都"和"就"大致都可以翻译成泰语"kɔ̂:"，所以泰国学生常用母语的语言规律代替目的语相应的规律，在学习汉语"都"时往往出现"都"和"就"的混用。

（二）"都"和"也"的误代

　　由于"都"和"也"的用法比较相近，有时可以替换，加上很多教材只把"都"和"也"放在一起做了简单的比较，但对于两者的区别解释得也不是十分清楚，泰国学生因为在两者的区分上存在一定的困难，所以在使用"都"时就混用上意义相近的副词"也"。
（27）[误]　因为钱是很难找，吃的方面也是草草的什么也可以吃。
　　　[正]　因为钱很是难赚的，吃的方面也是草草的，什么**都**可以吃。
（28）[误]　每个人对这件事**也**有不同的意见。
　　　[正]　每个人对这件事**都**有不同的意见。

　　在不同的语言之间，通常情况下它们既有共同点又会有差异，泰语和汉语也不例外。泰国学生的误代偏误是将"都"和"也"的用法混淆起来。当泰国学生不明白"都"和"也"有什么不同的用法时，就会按照泰语的规律代替汉语相应的规律。并且，与"就"的情况类似，"也"这个词语也可翻译成泰语"kɔ̂:"，这也就有可能造成与"都"的混淆。笔者认为针对泰国汉语"都"的教学，教师应该着重把相近意义词语的用法进行一系列的比较，尤其是类似"都"和"也"的这种情况，这样泰国学生就会更容易掌握"都"和"也"之间的异同点，有益于帮助泰国学生掌握"都"的意义和用法。

综合上述分析可以发现,"都"和"也"的误代以及"都"和"就"的误代是汉语"都"误代偏误中的最主要现象,在所有"都"的误代现象中所占的比例高达 90% 以上。因此,这个问题是绝对不能忽视的。从"都""就""也"误代偏误的比例中,可以很明显地看出,泰国学生以自己的母语为基础来学习汉语"都"。加上"都""就""也"本身都存在一些比较复杂的共用现象,而且"都""就""也"这三个词语都能与泰语"kɔ̂ː"对应。"kɔ̂ː"在泰语里是一个很活跃的词语,用法比较广泛。泰国学生以为"kɔ̂ː"相当于"都""就""也",所以就可以发现,在很多病句里,凡是能翻译成泰语"kɔ̂ː"的地方,泰国学生会使用"都""就"或者"也",而且没有意识到"都""就""也"到底有没有上述的表达方式。

四、错序偏误

"错序偏误"指的是把"都"放错了位置而导致的偏误。在《语料库》中,产生此类偏误的句子共有 1 句,占偏误用例总数的 3.45%。

（29）［误］ 在我心目中父母在世界是最伟大的,他们**都**比任何人要好。

［正］ 在我心目中父母在世界上是最伟大的,他们比任何人**都**要好。

在汉语教材有关"都"的章节中,由于"都"经常出现在复数名词之后与其连用,所以当泰国学生看到复数名词后会习惯性地使用"都",而忽略了后面的"任何"等词,造成"都"的错序现象。

本书选取"北京语言大学 HSK 动态作文语料库"中泰国学生"都"的偏误语料作为研究对象,共选取了 661 个例句,并在前人研究的基础上,借鉴中介语理论解析了泰国学生学习汉语"都"的偏误现象。关于"都"的偏误类型,引用鲁健骥的分法将"都"的偏误类型分为四类:遗漏、错序、误加、误代。其中遗漏的偏误是在泰国学生偏误中出现频率最高的类型。通过从 HSK 动态作文语料库对泰国学生使用"都"时出现的主要偏误所进行的描写和分析,笔者希望这些例句与分析一方面对泰国汉语教学提供一些参考,另一方面也希望通过这些具体的实例, 以小见大, 从宏观的角度探讨泰国学生出现汉语 "都" 偏误的原因。不过, 使用《语料库》来考察泰国学习 "都" 的情况具有一定的局限性, 下面采取问卷调查的方法, 进一步考察泰国学生学习汉语 "都" 的问题。

第二节　对泰国学生学习使用 "都" 情况的调查

前文对《语料库》中泰国学生 "都" 的偏误语料作了分析, 发现在泰国学生对 "都" 的使用情况中存在明显的问题。值得注意的是, 泰国学生对 "都" 的使用偏误大致集中于表示范围副词的 "都"。值得思考的是:(1)泰国学生是否对表示语气的 "都" 掌握得比较好, 因为在《语料库》中几乎没有发现这种用法上的偏误。(2)泰国学生是否回避使用表示语气的汉语副词 "都"。为了解决上述问题, 可以通过问卷调查的方式进一步来考察泰国学生习得汉语 "都" 的情况, 使本书的研究成果更加精确、客观真实。

一、调查的内容与对象

在设计调查问卷之前, 首先对泰国学生在《语料库》中的使用情况进行考察。本书根据对泰国学生出现的主要偏误类型的分析, 汉、泰语对比以及汉语本体研究的成果,对问卷进行了有针对性的设计。题型有 "判断""填空" 和 "选择" 三种。调查对象是泰国大学里学习汉语专业的三、四年级泰国学生。本次测试有效回收 57 份测试卷。

二、"都"的几种偏误情况总表

根据 4-2 表可以从总体上了解泰国学生学习"都"的情况，并发现这些偏误是有规律的。

表 4-2　泰国学生"都"的偏误情况

类型	考察的语法点	偏误数	偏误率（%）
遗漏	"每"与"都"同现时，"都"的使用情况	66	57.89
	主语为 AA 式表示复数时，"都"的使用情况	42	36.84
	"所有"与"都"同现时，"都"的使用情况	49	42.98
	"无论"/"不管"与"都"同现时，"都"的使用情况	22	19.29
	"都"与疑问代词同现时，"都"的使用与否	3	2.63
	"连"与"都"同现时，"都"的使用情况	3	2.63
	"都"用来强调否定时，"都"的使用情况	9	7.89
错序	"都"的语义前指是复数成分时，"都"的位置	2	3.50
	"都"指向后面疑问代词时，"都"的位置	57	100
	"都"与任指的疑问代词"谁"同现时，"都"的位置	3	5.26
	"也"和"都"连用时，"都"的位置	16	28.07
	当"每"与"都"之间插入主语时，"都"的位置	6	10.52
误代	"都"与"就"的混淆	28	24.56
	"都"与"也"的混淆	105	92.10
误加	在这种句子里面能不能使用"都"	15	26.31

下面根据不同的偏误类型来探讨泰国学生学习"都"的问题。

三、"都"的偏误类型分析

（一）遗漏偏误

题号		调查问卷中的问题	正确数	偏误数
1	误	我每个月【　】去中国。	23	34
	正	我每个月**都**去中国。		
2	误	每个人【　】买了一本英语书。	25	32
	正	每个人**都**买了一本英语书。		

在第1题和第2题中,考查的是"每"与"都"同现时,"都"的使用情况。第1题答对的人数为23人,答错的人数为34人。第2题答对的人数为25人,答错的人数为32人。值得注意的是,在上述两个问题中,一共有34个学生认为加"都"是不对的,而不加"都"才正确,学生认为加"都"反而不如不加"都"好。原因在于,学生们在做这些题目的时候会将其翻译为泰语,而这两个例句在泰语里一定不可以加表示"都"的意义的对应的词,否则句子就不合法。这是泰国学生很容易犯的一个错误。

题号		调查问卷中的问题	正确数	偏误数
3	误	这所学校里的教室个个【　】很干净。	34	23
	正	这所学校里的教室个个**都**很干净。		
4	误	这附近的饭店家家我【　】去过。	38	19
	正	这附近的饭店家家我**都**去过。		

第3题和第4题中,考查的是主语为AA式表示复数时,"都"的使用情况。第3题答对人数为34人,答错人数为23人。第4题答对人数为38人,答错人数为19人。值得注意的是,有很多学生认为不加"都"才是正确的答案,也有一部分的学生认为加"都"是对的。这反映出泰国学生不会区分"都"在这种情况下与其他"都"的义项之间的区别,他们都认为差不多,也表示学生不能真正理解和掌握这种用法。笔者认为泰国学生之所以出现这样的问题,是由于受到了泰语的影响。在汉语名词或量词重叠使用时,含有"每一"

的意思，谓语里也要用"都"，但在泰语中，如果在句子里已经出现表示"每一"的词语，就不会再用其他词语进行总括。正因为这样，他们很容易按照泰语的语法规则来使用汉语的"都"。

题号		调查问卷中的问题	正确数	偏误数
5	误	所有的英语书她【　】看得懂，可见她的英语水平很高。	32	25
	正	所有的英语书她**都**看得懂，可见她的英语水平很高。		
6	误	所有的学生【　】说这次考试很难。	33	24
	正	所有的学生**都**说这次考试很难。		

在第 5 题和第 6 题中，考查的是"所有"与"都"同现时，"都"的使用与否。第 5 题答对人数为 32 人，答错人数为 25 人。第 6 题答对人数为 33 人，答错人数为 24 人。泰国学生出现这种错误，有两个原因。一是学生一看到"所有"这个词，就会认为它已经表示全称，所以为了避免出现重复使用的现象不应该加"都"。二是受到泰语影响的结果。在泰语里，如果句子中已经出现"所有"，就不会再用"都"进行总括。所以就会出现该用"都"时反而不用的情况。

题号		调查问卷中的问题	正确数	偏误数
7	误	无论天气怎么样，他【　】骑自行车上班。	45	12
	正	无论天气怎么样，他**都**骑自行车上班。		
8	误	不管妈妈几点回家，我【　】会等她的。	47	10
	正	不管妈妈几点回家，我**都**会等她的。		

第 7 题和第 8 题中，考查的是"无论"／"不管"与"都"同现时，"都"的使用情况。第 7 题答对的人数为 45 人，答错的人数为 12 人。第 8 题中答对的人数为 47 人，答错的人数为 10 人。由此可见，泰国学生的这种偏误所占的比例比较低。之所以泰国学生在这方面的使用正确率比较高，主要原因是"无论／不管……都……"可以直译成泰语的"mâj wâː...kɔ̂ː..."，因此学生比较好掌握。

题号		调查问卷中的问题	正确数	偏误数
9	误	我刚刚来到泰国，人生地不熟，谁【　】不认识。	55	2
	正	我刚刚来到泰国，人生地不熟，谁**都**不认识。		
10	误	他回家后，什么【　】没说，放下行李就去睡觉了。	56	1
	正	他回来后，什么**都**没说，放下行李就去睡觉了。		

　　在第9题和第10题中，考查的是"都"与表示任指的疑问代词同现时，"都"的使用与否。第9题答对的人数为55人，答错的人数为2人。第10题答对的人数为56人，答错的人数为1人。泰国学生出现这种偏误的主要原因是，当句中有表示任指的疑问代词"谁""什么"等时，学生不知道谓语中要用"都"与之呼应，所以就造成"都"的遗漏现象。

题号		调查问卷中的问题	正确数	偏误数
11	误	他连早饭【　】没吃，就上学去了。	55	2
	正	他连早饭**都**没吃，就上学去了。		
12	误	她连看电视的时间【　】没有，哪有时间出去玩儿啊？	56	1
	正	她连看电视的时间**都**没有，哪有时间出去玩儿啊？		

　　在第11题和第12题中，考查的是"连"与"都"同现时，"都"的使用情况。第11题答对的人数为55人，答错的人数为2人。第12题答对的人数为56人，答错的人数为1人。由此可见，与之前的题目相比而言泰国学生在这方面的正确使用率很高。其原因在于"连……都……"在泰语中有与之相对应的用法，当学生遇到这种句式时可以将其直译成泰语，泰国学生也就比较容易掌握这种固定的用法。

题号		调查问卷中的问题	正确数	偏误数
13	误	他是你弟弟吗？这么多年不见了，现在一点儿【　】认不出来。	53	4
	正	他是你弟弟吗？这么多年不见了，现在一点儿**都**认不出来。		
14	误	这次考试中，李明一道题【　】没写错。	52	5
	正	这次考试中，李明一道题**都**没写错。		

在上述两个例句中，"都"也可以用"也"来替换，但是由于本节讨论的是"都"的遗漏情况，并且此部分问卷的内容是以判断题的形式出现的，问卷中只考虑不用"都"的情况是不是正确的，所以这里不讨论"也"的相关问题。在第13题和第14题中，考查的是"都"用来强调否定时，"都"的使用情况。第13题答对的人数为53人，答错的人数为4人。第14题答对的人数为52人，答错的人数为5人。泰国学生正确率比较高，原因在于"一……都……"可以与"...kɔ̌:..."对应，因此学生掌握得比较好。

（二）错序偏误

题号		调查问卷中的问题	正确数	偏误数
1	问题	A 他们 B 全家人 C 去上海了 D。	55	2
	答案	他们全家人**都**去上海了。		

第1题是"他们全家人都去上海了"。本题考查的是当"都"的语义前指是复数成分时，泰国学生是否能掌握"都"的位置。本题偏误率较低，答对的人数共计55人，答错的人数为2人，其中选择B的有2人。这一题的正确率比较高的原因在于泰国学生已经了解"都"必须放在动词前面的语法规则。另外，由于教材中的句子中大多数的"都"都与主语紧紧连在一起，如"他们都是中国学生""我们都是留学生"等。所以对泰国学生来说，这种句式的用法比较容易掌握。

题号		调查问卷中的问题	正确数	偏误数
2	问题	A 今年春节 B 谁 C 想回国 D 探亲？	0	57
	答案	今年春节**都**谁想回国探亲？		

第2题"今年春节都谁想回国探亲？"这个句子中，虽然问题中的原句本身也是正确的，但是如果要表达提问的人假定不止一个人想回国探亲的意思时，就要使用"都"。本题考查当"都"指向后面疑问代词所询问的内容时，泰国学生是否能掌握"都"的位置。本题的偏误率最高，没有一个学生答对。答错的人共计57人，其中选择A的有3人，选择C的有50人，选择D的有

4 人。值得注意的是大多数的错误集中在 C 选项上，原因在于目的语知识过渡泛化。泰国学生知道，"都"可以放在主语的后面，但对于疑问代词"谁"构成的疑问句时，"都"的语义不是指向前面，而是指向后面疑问代词所询问的内容。由于学生没有掌握好这一规律，从而就出现了"* 今年春节谁都想回国探亲？"的偏误。"都 + 疑问代词……"的句式对泰国学生来说是一大难点。同时这也反映出在对"都 + 疑问代词……"进行教学时，在这个问题的讲解上并没有引起泰国学生的重视。

题号	调查问卷中的问题		正确数	偏误数
3	问题	您 A 的 B 这封信，谁 C 看 D 不明白。	54	3
	答案	您的这封信，谁都看不明白。		

第 3 题"您的这封信，谁都看不明白"考查的是"都"与任指的疑问代词"谁"同现时，泰国学生是否能掌握"都"的位置的情况。本题的正确率比较高，答对的人数共计 54 人，答错的人数为 3 人。其中选择 A 的有 1 人，选择 B 的有 2 人。大多数的学生答对的原因在于这个句子的结构与泰语的结构非常相似，所以对泰国学生来说使用起来就相对比较简单。

题号	调查问卷中的问题		正确数	偏误数
4	问题	A 你吃什么，B 我们 C 也 D 吃什么。	41	16
	答案	你吃什么，我们也都吃什么。		

第 4 题考查的是"也"和"都"连用时，"都"的位置。本题答对的人数共计 41 人，答错的人数为 16 人。值得注意的是，本题中答错的学生全都选择了 C。"也"和"都"连用时，"都"不能用在"也"的前面,而应该将"都"用在"也"的后面。由此可见，学生在判断"也"在"都"之前还是之后的位置还是存在一定的困难的。

题号	调查问卷中的问题		正确数	偏误数
5	问题	每天 A 他 B 要 C 到 D 图书馆去学习。	51	6
	答案	每天他都要到图书馆去学习。		

第 5 题考查的是当"每"与"都"之间插入主语时，泰国学生是否能掌握"都"的位置的情况。本题答对的人数共计 51 人，答错的人数为 6 人，其中选择 A 的有 1 人，选择 C 的有 5 人。可以说虽然在很多教材课文和练习的例句中"每"与"都"之间都是没出现主语的，比如："每天都坚持锻炼一个小时"，但泰国学生还是能掌握"都"的位置情况的。

（三）误代偏误

题号		调查问卷中的问题	正确数	偏误数
1	误	不管是在国内还是国外，**就**要诚实守信。	44	13
	正	不管是在国内还是国外，**都**要诚实守信。		
2	误	如果你没有时间去看电影，我**都**不给你票了。	42	15
	正	如果你没有时间去看电影，我**就**不给你票了。		

在第 1 题和第 2 题中，考查的是"都"与"就"的混淆。第 1 题答对的人数为 44 人，答错的人数为 13 人。第 2 题答对的人数为 42 人，答错的人数为 15 人。泰国学生之所以出现这种错误，原因在于"都"和"就"翻译成泰语后都是同一个词"kɔ̂:",也就是说在泰语中是不分"都"和"就"的。所以，泰国学生受到泰语的影响，该用"都"时就有可能会使用"就"，该用"就"时也同样有可能会用"都"。

题号		调查问卷中的问题	正确数	偏误数
3	误	每个城市**也**有一个标志性的建筑。	4	53
	正	每个城市**都**有一个标志性的建筑。		
4	误	五年过去了，树长高了，他**都**长大了。	5	52
	正	五年过去了，树长高了，他**也**长大了。		

第 3 题、第 4 题考查的是"都"与"也"的混淆。第 3 题答对的人数为 4 人，答错的人数为 53 人。第 4 题答对的人数为 5 人，答错的人数为 52 人。这种错误的出现，也是因为受到泰语影响的结果。因为泰语中的"kɔ̂:"既有"都"的意思，也有"也"的意思，所以在它的影响下，他们常把汉语的"都"

和"也"混同。

（四）误加偏误

题号		调查问卷中的问题	正确数	偏误数
15	误	我们学校都有五千名学生。	42	15
	正	我们学校有五千名学生。		

第 15 题考查的是在这种句子里面能不能使用"都"，在受调查的 57 名学生中，有 15 名学生认为加"都"是对的。泰国学生犯这种偏误的原因有两种：一是学生以为在出现人称代词"我们"的时候，表示的是复数，所以只有使用"都"才是正确的；二是学生看见"五千名学生"这个短语时，就以为可以用"都"。

第三节　产生偏误的成因分析

"都"的用法非常复杂，仅靠课本对"都"的简单介绍很难让泰国学生系统熟练地掌握和运用汉语"都"。本书对泰国学生使用汉语"都"时出现的主要偏误进行了类型分析，泰国学生使用汉语"都"的过程中产生偏误的原因是多种多样的，既有学习者个体因素的原因，又有学习者所处的外在环境的原因。本书主要从母语负迁移、目的语的知识过度泛化、教学误导等角度出发来进行研究。以下将抽出部分泰国学生在使用汉语时出现的偏误语料，对其出现的原因进行分析。

一、母语的负迁移

第二语言学习者在不熟悉目的语规则的情况下，常常会依赖于母语知识，尤其在两种语言具有某种相近的语言规则时，学习者常会倾向于用母语的语言规律代替目的语相对应的规律。❶"母语对第二语言习得的影响确实存在着，它与社会、心理、语言发展等因素一起共同制约着习得过程。尽管仍有人坚持认为语言迁移无关紧要，但是许多人则认为这是一个解释语言习得时必须考虑的重要现象。"❷鲁健骥（1994）❸指出，"迁移是心理学的一个概念，指的是已经获得的知识、技能乃至学习方法和态度对学习新知识、新技能的影响。如果这种影响是积极的，就叫正迁移，也可简称为迁移；反之，便叫负迁移，或称干扰"。赵金铭（2008）❹指出："第二语言学习者在学习第二语言时，并非重新习得一种语言，而只是培养新的语言习惯，扩大言语行为手段，在熟悉自己母语的情况下，也就是说，在已掌握一套语言规则之外，再学习一种可以替代的规则。我们的第二语言学习者——外国留学生，他们的其他知识与技能正日趋完善，尤其是成年人的身心已经成熟，他们善于类推，精于比附，故而难免把已知的语言规则的某些部分用于学习之中。"

对泰国学生来说，他们中的大部分都是进入大学以后才开始学习汉语的，此时泰国学生头脑里的母语规则已经比较固定，因此，泰国学生会自然地用母语的知识代替目的语，即产生母语负迁移现象。母语负迁移也是泰国学生出现汉语"都"偏误的重要原因之一。泰国学生由于对目的语还不是很熟悉，在学习过程中往往会依靠母语知识帮助理解和学习，因此这就对汉语的学习造成很大的影响。比如，虽然对汉语"都"来说，在泰语中基本上都能找到与之对应的词，但在语义、用法上既有相同之处，又有不同之处。像泰语的"kɔ̂:"，就同时具有汉语的"都""就""也"的意思。泰国学生往往只凭两种语言表面的相同，即语义概念上的相同或相似，就简单地把它们对等起来。因此，泰国学生使用汉语时仍有可能按泰语"kɔ̂:"的意思将其进行套用，从

---

❶ 孟国.对外汉语十个语法难点的偏误研究［M］.北京：北京大学出版社，2011：250.

❷ 王建勤.第二语言习得研究［M］.北京：商务印书馆，2009：105.

❸ 鲁健骥.外国人学汉语的语法偏误分析［J］.语言教学与研究，1994（1）.

❹ 赵金铭.基于中介语语料库的汉语句法研究［M］.北京：北京大学出版社，2008：7.

而造成偏误。

除了误代偏误以外,泰国学生的遗漏偏误也与母语负迁移有关。比如泰语的"Tʰáŋ mòt"翻译成汉语时可以表示为"一共""都""全"等,所以泰国学生在使用汉语时可能会将上述几个词直接翻译为"Tʰáŋ mòt";反过来,泰国学生在翻译带有"Tʰáŋ mòt"的句子时也有可能出现翻译成错误的词语的现象。所以从这里也可以看出"Tʰáŋ mòt"和"都"不是完全对应的。因为"Tʰáŋ mòt"在泰语中只表示总括的意思,这与义项复杂的"都"相比显然有很大的不同,尤其是在与其他词语搭配使用的情形之中。而且,"每"与"都"共现时,泰语中的"Tʰáŋ mòt"并不要求一个类似"都"这样的副词跟它相配,句子中就能合法,但"每"一般必须与"都"相配句子才能成立。泰国学生因为把泰语的语法规则套用在汉语上,从而导致遗漏偏误的产生。另外,当汉语的句子中出现"全部""所有""一切"等词语时,谓语中一般要使用"都"与之同现使用;在泰语中,当句子里出现这类词语时却不能使用"Tʰáŋ mòt"来进行搭配。

二、目的语知识的过度泛化

泰国学生在学习汉语"都"的过程中,除了母语的干扰以外,目的语的"过度泛化"也是造成偏误的原因之一。"学习者把他所学的有的、不充分的目的语知识,用类推的办法不适当地套用在目的语新的语言现象上,造成了偏误,也称为过度概括(over-generalization)或过度泛化。"[1]例如,"*我们班都有十八个学生"。学生以为有了复数概念"十八个学生",就应该使用"都",造成使用的过度泛化。再如,泰国学生造句时,只注意到在表示条件的复句中要用"都",但忽视了与"都"共现的其他成分,按照规则使用了"就",因此产生这样的偏误。如"*不管人们走到哪个地方,就经常能看见'禁止吸烟'的牌子"。

---

[1] 刘珣.对外汉语教育学引论[M].北京:北京语言大学出版社,2007:195.

还有一个更常见的类型，就是类似"今年暑假谁想去中国旅游？"的句子。这种句子的最大特点就是即使不在其中添加"都"，它也是合法的。如果在这种句型中要使用"都"的话，绝大多数泰国学生会把它加在"谁"之后，这个句子也就成了"今年暑假谁都想去中国旅游？"显然它应该是一个陈述句而并非疑问句。如果要将其保持为疑问句的话，"都"应该放在"谁"之前，也就将句子改为了"今年暑假都谁想去中国旅游？"这种句型对泰国学生来说是特别困难的，很少有学生能够正确使用。出现这种偏误的原因就在于目的语知识的过度泛化。因为泰国学生明白，通常情况下在使用"都"的时候应该将其放在主语之后，但是在某些特殊的"都"与"谁"同时出现的疑问句中，"都"的语义指向不是向前，而是指向了后面的疑问代词所询问的内容。因此，如果泰国学生掌握不好"都"的这一特点的话，很容易就会在目的语过度泛化的影响下错误使用"都"。

三、学习策略的影响

交际策略是学习者为顺利进行语言交际活动而有意识采取的计划、措施或方法与技巧。对于第二语言学习者来说，其交际活动在一定意义上也是学习活动的一部分，把学到的语言知识付诸实践进行运用，是实现培养语言交际能力这一目标所不可缺少的。❶

根据对泰国学生的相关调查，我们发现其中出现不少学生在"都"的学习和运用中采取了回避策略。产生这种回避现象的原因往往不是单一的，这些原因可以分为主观的和客观的两个方面。在主观方面上，这与学生本身的学习态度、学习方法、性格、生活习惯等都有着密切的关系。"这与学生的个体特性有很大关系，比如有的学生性格内向，在学习汉语的过程中害怕出错，因而总是避免用那些不确定的形式，而倾向于选择简单的、确信为正确形式

---

❶ 刘珣.对外汉语教育学引论［M］.北京：北京语言大学出版社，2007：214.

的表达。"❶ 在客观方面上，产生回避现象的原因还有可能是由于相关语法点的特点造成。另外，学生也有可能受到老师、同学以及周围语言环境的影响而错误地进行回避。

对北京语言大学 HSK 动态作文语料库泰国学生"都"的偏误语料做了分析之后，笔者发现泰国学生基本上只使用"都"的基本意义而回避使用表示语气的义项。这就与"都"的本身有关，泰国学生在使用"都"的时候可能会由于对自己缺乏自信，只使用"都"的比较容易掌握的意思而主动放弃使用其复杂的用法以及搭配。值得注意的是，在试卷的调查中，泰国学生会出现这样的偏误：

（30）A：你吃过吗？

　　　　B：★我连睡觉都没睡，哪儿吃过啊？

（31）A：你吃过吗？

　　　　B：★我连认识都没有，哪儿吃过啊？

在上面的例句中，首先泰国学生会对"你吃过吗？"这个问题产生两种不同的理解。第一个理解是"你吃过这个东西吗？"而第二个理解为"你吃过饭了吗？"因此，他们回答这个问题的方法更是多种多样。在第一个对话中，显然"睡觉"和"吃过"没有逻辑上的关联，而泰国学生认为只要语法上这个句子能接受，以及这个对话是完整的、合法的。在第二个对话中，"我连认识都没有"的意思时"我连见都没见过"。

可见，泰国学生对表示语气的"都"的用法并不熟悉，非常容易出现错误。因此，很多学生为了少犯错误，在使用类似的句子时泰国学生会采取回避的策略。比如，对"你吃过吗"这种问题他们会使用"也"等类似的词语来替换"连……都"的用法，造成对"都"相关用法的回避。根据本书的调查问卷，泰国学生对"都是……"的用法也不太熟悉，往往用"因为"来代替"都是……"进行使用。例如："都是你，我们才迟到的"。泰国学生为了回避使用"都是……"，往往说成"因为你，我们才迟到"。虽然这种表达也基本正确，

---

❶ 孟国.对外汉语十个语法难点的偏误研究 [M].北京：北京大学出版社，2011：307.

但在一定的程度上影响了泰国学生对"都"的学习和掌握。

四、教材方面

通过考察可以发现，在目前常用的对外汉语教材以及工具书中，大部分都没有详细地介绍"都"的用法，仅仅是一带而过，这样多少会影响泰国学生对汉语"都"的理解和掌握。而在学生学习语言的过程中，教材的重要性是不可无视的。"教学的各个环节和教材的每一部分，处理得不好，都可能诱使学生发生偏误。"❶

目前对泰汉语教材的生词表，大都是用泰语来注释的，而汉、泰语相关的词语之间有着错综复杂的交叉对应关系，如果只是简单地对应的话，很有可能造成注释不准确或不完整。在目前现有的对外汉语教材中，对"都"的注释以及讲解大多还都不到位。可以通过汉、泰双方合作编写教材，解决教材中对"都"的注释，使解释更加准确，学生在学习、使用的时候也就更加明确。比如，用泰语"kɔ̂ː"来注解汉语的"都""就""也"，用泰语"Tʰáŋ mòt"来注解汉语的"都""全"，却没有详细的解释与区分，泰国学生在使用"都"时就很容易产生混淆。并且，有的对泰汉语教材的语法注解过于简单，不利于学生学习。所以，在教材以及工具书的编写方面还有很多需要改进的地方。我们应该努力针对学生本身的实际情况来进行编写，否则会对学生的学习带来很多负面的影响。

另外，目前还缺少国别化的教材和工具书等来对教学方面进行细化。比如泰国学生在学习汉语的过程中会受到泰国文化、语言、风俗等多方面影响，我们需要一套专门针对泰国学生而设计的教材，这样才能达到有的放矢的效果。

---

❶ 鲁健骥. 外国人学汉语的语法偏误分析［J］. 语言教学与研究，1994（1）.

五、教学方面

　　鉴于对泰汉语的教材存在诸多不足之处，就需要想办法通过提高教学质量来弥补教材所带来的不足。但事实上，在对泰汉语教学中，教师的讲解基本上是按照教材的内容进行的，由于教材编写本身存在的不足，教师的讲解也会受到影响。教师在讲解"都"时，只按照教材讲解"都"的基本知识，所以学生对"都"的理解不全面。笔者通过考察发现，"都"的偏误不仅限于"都"的基本结构上。所以，教师在对相关的语法点进行讲解的时候，应该从其简单的基本意义出发，在学生掌握其基础用法的基础之上逐渐分层次展开，逐渐贯彻相关的复杂结构。

　　有的教师不重视"都"的教学，有的对"都"的特点讲解不清楚，只是依据教材中对"都"进行简单讲解，不能充分说明汉语"都"的使用规则，这样的结果就会给学生带来很大的困惑。由于泰国学生在学习汉语以前对汉语"都"是一无所知的，所以他们在学习过程中会按照老师教的语法规则去类推，不考虑逻辑意义，结果就产生偏误。所以，教师在对语法点的讲解中，特别是对那些容易被学生混淆的难点进行强调并重复讲解，这样就能在强化的过程中使学生逐渐掌握相关的用法。从学生的角度来看，泰国学生希望老师明确告诉他们：在什么情况下一定要用"都"，在什么情况下一定不能用。教师应该利用汉、泰两种语言的共同之处，减少负迁移的影响。同时教师应该引导学生主动将汉、泰两种语言进行仔细对比，找出共同点和异同点，揭示汉、泰两种语言之间的异同。可是，在实际的教学中，教师有可能会以"这是中国人的习惯"或"教材里已经提到了"等讲解方法来对一些困难的语法点进行敷衍，而这种教学方式对学生带来的负面影响显然是很大的。如果教师没能将其中的来龙去脉讲清楚，学生在这种似懂非懂的状态下最容易犯错误。所以对教师来说，也应提醒他们积极备课，多为学生考虑，尽量照顾到学生有可能出现的各种知识盲点。另外，这也反映出现有的语法书、汉语教材或工具书远远不能满足对外汉语教学的需要，特别是在对泰汉语教学"都"的研究方面。

第四节　小　　结

　　综上所述，泰国学生在学习汉语"都"时产生偏误的原因，除了"都"本身的复杂性以外，主要是受到泰语的干扰、目的语的过度泛化、学习策略不当、教师、教材的一些误导等原因，当然其中也有学习者自身的各种因素。这些偏误发生的原因互相影响，共同作用于学生的学习过程。虽然泰国学生使用"都"时出现偏误的原因是复杂的，但上面的分析足以提醒对泰汉语教师应该重视"都"的研究成果，针对"都"的偏误及其产生的原因，在教学中有意识地采取一些措施和方法，以改进教学，减少泰国学生习得"都"的偏误。

第五章 现有汉语教程"都"的
教学点的考察

在谈到对外汉语教材编写的问题时，教材的使用对象是首先要明确的，因为不同的对象对教材的要求必然是不同的。在语法大纲和相对应教材中，如果能够得当地处理相关的语法点，就可以在很大程度上提高教学效率并促进学习效果。本章对教材及教学大纲的考察，重点是为了更深入地了解中泰两国教材中对"都"这一语法项目的具体处理情况。在此基础上对汉、泰两国教材编写、教学大纲提出可行性建议，以改进泰国汉语教学，提高教学效果。

第一节 对教学大纲的考察

本书主要考察以下五个大纲：《汉语水平等级标准与语法等级大纲》（1996）（以下简称《等级大纲》，《对外汉语教学语法大纲》（1995）（以下简称《语法大纲》，《高等学校外国留学生汉语言专业教学大纲》（2007）（以下简称《专业大纲》，《高等学校外国留学生汉语教学大纲》（长期进修）——语法项目表（2007）（以下简称《进修大纲》，《国际汉语教学通用课程大纲》（2010）（以下简称《课程大纲》，各大纲对"都"语法项目的选取和排序情况，如表 5-1 所示。

表 5-1　大纲中"都"语法项目选取和排序情况纵览

编号	句　式	《语法大纲》	《专业大纲》	《等级大纲》	《进修大纲》	《课程大纲》
1	"都"＋谓语	✓	一年级 ✓	甲 ✓	初一 ✓	二级 ✓
2	连……都	✓	二年级 ✓	甲 ✓	初二 ✓	
3	都……了		二年级 ✓	乙 ✓		
4	……都没 / 不			乙 ✓		
5	不管 / 无论……都……	✓		乙 ✓	初二 ✓	五级 ✓
6	哪怕……都……			乙 ✓		
7	都是＋小句 / 无主语			丙 ✓		
8	凡是……都……			丙 ✓		
9	任……都……			丙 ✓		
10	不仅仅……都……			丙 ✓		
11	×来×去，都是……			丁 ✓	高 ✓	
12	别……，连……都……		三、四年级 ✓	丁 ✓	高 ✓	
13	连……都……，别说……		三、四年级 ✓	丁 ✓	高 ✓	
14	不单（是）……都……			丁 ✓	高 ✓	
15	别管……都……		三、四年级 ✓	丁 ✓	高 ✓	
16	任凭……都……		三、四年级 ✓	丁 ✓	高 ✓	
17	……动词 1＋都不（没）＋动 1……			丁 ✓	高 ✓	
18	一＋量＋名＋都（省去介词"连"）				高 ✓	
19	一……都……				初二 ✓	
20	怎么……都不……		二年级 ✓			

从表 5-1 可以看出，《语法大纲》共列出 3 类，《专业大纲》共列出 8 类，《等级大纲》共列出 17 类，《进修大纲》共列出 12 类，《课程大纲》共列出 2 类。

大纲是指导课程的标准，但各大纲所选取的具体句式并不完全相同。特别值得注意的是每个大纲语法项目的排序也不尽相同。

根据对各教学大纲相关内容的考察，可以对其做出以下阐述。

《对外汉语教学语法大纲》作为对课程教学的指导标准，对"都"的用法和特点做出了一系列的概括，尤其强调了它的一些特殊用法。而且，它是针对对外汉语初级阶段的教学来编写的，因此它不会对每个知识点都进行非常详尽的解释。对"都"来说，上述描述基本都属于使用原则上的说明或者限定，但是这一原则又因为是本着基本、基础的出发点而考虑的，所以很容易产生对问题讨论的片面性。首先，"总括"是"都"一词最重要的用法，也是留学生很容易犯错的用法（比如遗漏偏误），该《语法大纲》没有介绍在什么情况下必须使用"都"、"都"的总括对象的特点（比如语义特点、单复数）等。其次，在"都"的常用重要搭配方面也只是一笔带过，没有提到与"每""所有""一切""全部"等词的搭配使用情况以及与否定词的连用情况等。再次，"都"与"了"连用表示时间的用法也没有提到（比如"都 8 点了，该起床了"），这也是学习汉语初级阶段的留学生非常容易出错的地方。另外，该《语法大纲》对上述使用原则的罗列缺乏科学性，没有考虑到留学生对"都"各个用法的习得情况是有难易区分的。

《高等学校外国留学生汉语言专业教学大纲》把"都"的各种用法按难易程度进行了分级教学，这对对外汉语教学来说可以算是一个很大的进步，教师和学生也可以对应该更加重视的语法点一目了然。但在三年级、四年级语法项目表中，虽然也举出了一些具体的例子，但是没有对语法点进行明确的解释说明，也没有进行系统的分类，这样的话学生在学习当中可能会对"都"的某些用法模棱两可，也容易产生虽然会用但不会举一反三的结果。另外，"都"的搭配情况非常灵活，可以跟很多词进行不同用法的搭配，关于这些搭配之间的相同点和不同点没有进行比较。

《汉语水平等级标准与语法等级大纲》有一个非常明显的特点，就是把"都"的各个用法根据难度进行了四个等级的划分，这样一来无论对教学还是习得来说都非常有帮助，教师对自己的教学任务会非常明确，学生也会对自己在哪个学习阶段需要掌握哪些语法感到很清楚。虽然这种等级划分对《等级大纲》的教学指导性非常有利，但是实际上，来自不同国家的留学生在习得"都"的过程中产生偏误的类型是不完全相同的。另外，该《等级大纲》系统地列出了"都"的各种句式和相对应的例句，但这样往往还不能满足留学生学习过程中的需求，而应该在列出"都"的搭配句式的同时对相应的搭配词汇做出语义解释，并对搭配规则加以简单的分析，这样可以使留学生更好地对各种使用方法进行理解、吸收。

针对长期进修生的《高等学校外国留学生汉语教学大纲：长期进修》，对"都"的用法是根据其难易程度来进行划分的，但是"都"的用法解释只出现在了其中的初等阶段和高等阶段，而在中等阶段未对"都"的用法进行讲解，这样可能会导致学生缺乏学习上的延续性。在语法点的列举上也不够全面，比如缺少"每""了"等词与"都"的共同使用方法等。与之前几个大纲类似，该大纲说明了"都"的每条用法但是解释过于简单，没有对该搭配进行必要语义解释等，这样会对留学生的学习过程造成不必要的困难。另外，上述的讲解基本上是针对"都"的具体搭配用法来进行说明的，没有提到"都"在某种特定的情况下需要出现在句中的位置，这样一来学生只能进行机械的学习，有可能造成死记硬背的后果。比如，在由疑问代词"什么""谁""哪儿""哪+数量词"等构成的疑问句中，"都"常常要出现在谓语动词之前，从而对后面疑问代词所询问的内容进行总括。如果进行这种说明的话，学生可以通过记住这种使用规则正确地使用这种情况下带"都"的句子，这样更有利于开发学生使用语言过程中的创造性。

《国际汉语教学通用课程大纲》中的语法项目分为五级，但是很明显，关于"都"的用法在这里没有得到足够的重视。"都"对于留学生来说是一个非常容易犯错的语法点，如果在课程大纲中只出现相关的少许几个用法的话是远远不够的，这样不仅让老师对课程的教学安排不能有一个明确的目标，对本来就缺乏汉语使用环境的留学生来说也会在后期对"都"的各种复杂的搭配用法感到不能理解。如果教师只按照这种大纲来进行教学的话，效果肯定不理想。

通过对上述各大纲的叙述不难看出，它们都或多或少地列举出了关于"都"的一些基本的用法，以及扩展到了一些难度更高的搭配使用情况。但它们对"都"的各种搭配和用法的选取和排序都不相同，如《语法大纲》没有按照留学生对"都"习得的难易程度排序，《专业大纲》《等级大纲》《进修大纲》《课程大纲》虽然都按照学习的难度排序，但它们排序的依据也不完全相同。《专业大纲》把"都"的语法项目分为一年级、二年级和三、四年级。《等级大纲》中的语法项目分为甲、乙、丙、丁四个等级。《进修大纲》也将其分为四个等级，分别是初（一）、初（二）、中级和高级，但值得注意的是，在中级未出现"都"的语法项目。《课程大纲》中的语法项目分为五级，但"都"的语法项目只出现在了其中的二级和五级。

除排序之外，这五种大纲都缺乏对与"都"搭配的相关词汇的语义解释，这样不利于留学生学习过程中的理解以及记忆。它们也缺乏对"都"在某种特定句式中出现的位置进行说明，对留学生学习过程中的举一反三、灵活运用等产生阻力。另外，各个语法点在这些大纲中出现的频率差异也很大。比如，"'都'+谓语"和"连……都"这两个句式几乎都出现在了上述的每个大纲之中，而其他也非常重要的句式如"都……了"很少有大纲将其作为重点。虽然每个大纲对各个语法点的重视不同，但普遍来说这些大纲都需要加强对与"都"相关句式的解释。

第二节 中、泰汉语教材的对比

随着对外汉语教学的发展，中、泰汉语教材对"都"的解释和练习设置都存在一些差异，这些差异可能会影响泰国学生的学习效果。本书考察的教材主要有8本，见表5-2。

表5-2 中、泰汉语教材情况一览表

国别	教材名称	出版社	出版年份
中国	汉语教程	北京语言大学出版社	2006
	泰国人学汉语	北京大学出版社	2006
	发展汉语	北京语言大学出版社	2011
	博雅汉语	北京大学出版社	2004
泰国	中文课本	蓝康恒大学出版社	2003
	现代汉语	（玛希隆大学教师所编讲义）	自编
	基础汉语	朱拉隆功大学出版社	2006
	汉语短期教程	（宣素南塔皇家大学教师所编讲义）	自编

一、对中国汉语教材的考察

经过考察，可以发现《汉语教程》《博雅汉语》和《发展汉语》对"都"的处理存在同样的问题。

首先，以英文作为媒介对词条进行解释，容易对词义产生误解。中国的汉语教材通常通过英文翻译作为解释词条的媒介，以上三本教材都将"都"译成"all""both"，这样的解释过于简单，这可能会误导学生将"都"与英语的"all"之间的语义及用法画等号，从而造成偏误。通过前人对"都"与

"all"的语义分析，可以发现两者在语义上存在的差别，不是单单一个"all"所能够表达出来的。

其次，"都"是一个具有多重意义、多种搭配的词，简单地翻译成一两个英文单词不能概括"都"的全部意义，笔者认为教材应该对"都"有一个详细的注解和说明。"都"是甲级词汇，所以泰国学生在初级阶段就已经开始接触副词"都"，但"都"的用法复杂而不易为初级阶段的泰国学生所掌握，因此，教材对"都"的注解应尽可能详尽，如在《发展汉语》中，"都"作为书中的语法点，出现在初级综合Ⅰ第五课《你家有几口人》中。教材的注解如下："都"（副）all, both。在第十八课《我上了四个小时的网》的生词表中，又一次出现了"都"，教材的注解是："都"（副）already。《发展汉语》在不同的课文中有着不同的注解，表示出"都"这个词的意思不是单一的，但是这对刚学汉语的泰国学生来说可能不太好理解，学生常会产生一些疑问，比如"都"到底是什么意思？一共有几种用法？教材里不给出解释说明会使学生感到困惑。《博雅汉语》也存在类似的问题，比如，《博雅汉语》在生词语中把"不管……都"翻译成"No matter"，在语言点中却翻译成"No matter how…"。很明显，这两种解释不是等同的。经查询，词组"no matter"可以独立成句，也可在句中担当成分，当"no matter"与疑问词"how"等连用时，构成让步状语从句，意为"无论，不管"。所以，这两种解释是有区别的，这样一来，泰国学生就有可能出现这样的疑问："不管……都"到底是什么意思？值得注意的是在《博雅汉语》中"不管"和"都"的同现。在语言点的注解中出现"不管"的时候，有的句子用"都"，有的则不用，这样一来，泰国学生会出现这样的疑问：当句中有"不管"时，到底是否一定要用"都"与其进行搭配？用不用"都"有什么区别？教材中却没有做出任何解释。

经考察，笔者发现《汉语教程》的内容以及对语法点的解释都比较基础，对复杂的现象没有做出过多的解释。并且即使在后续的几本难度较高的教材中也没有出现对"都"的更详细的讲解。另外，《汉语教程》对"都"进行描述时，是把"都"和"也"这两个词放在一起进行讲解的。这样对外国留学生来说不太好理解，非常容易产生混淆，学生也有可能会认为"都"和"也"随时都可以替换，用法完全相同等现象。更值得一提的是，这种现象对泰国学生来说更容易产生，因为在泰语里"都"和"也"都能与泰语"kɔ̂:"这个词相对应，所以对他们来说"都"和"也"本来就不容易区分，在使用的时候就更容易出错。因此，这套教材应该首先对"都"和"也"进行一定程度的单独讲解，然后在进一步对语法难点的讲解过程中将二者结合，并进行比较、区分，这样泰国学生以及其他留学生才会更容易区分"都"和"也"之间的差异。《发展汉语》这套教材对"都"这个语法点非常重视，对它的讲解分层次、分等级地进行，并且由易到难。这样的讲解不仅系统性非常强，而且更有利于学生的理解。这套教材讲到了"都"和"也"会出现在固定格式中，比如："一＋量词（＋名词）＋都／也＋不／没……""不管……都／也……""连……也／都……"等。前文提到过，由于"都"和"也"都能与泰语的"kɔ̂:"相对应，所以学生可能会把"都""也"和泰语"kɔ̂:"完全等同，学生在使用时可能会出现误代偏误。笔者认为必须对"都""也"和"kɔ̂:"的语义及用法进行区分，找出它们之间的区别，教师也可以在学生误代偏误的基础上，加强这方面的对比。在《博雅汉语》中也存在类似的问题，比如，在初级起步篇Ⅱ第五十二课中，教材将"连……也／都……"译成"even"。考虑到教材所针对的对象是初级的泰国学生，所以这样的注解太过简单了一点，这样简单的处理虽然也有道理，但对泰国学生来说可能还是有所欠缺的。再如，"连……也／都……"这一句式能与泰语的"mɛ́: tɛ̀:…kɔ̂:…"句式相对应。所以，如果教材中没有说清楚"连……也／都……"的用法的话，泰国学生可能会受到母语负迁移的影响，因而产生混淆。

《泰国人学汉语》是国别汉语教程系列，这一套教材是为以泰语为母语的汉语学习者编写的，但它对"都"也没有进行更加详细的注解。"都"作为比较难的一个语法点，出现在《泰国人学汉语》的第一册第二课《他们好吗？》中。教材讲解如下：

都（副）"Tʰáŋ mòt"，"lú:an"。如：

（1）他们都很好。

พวกเขาทั้งหมด（ ล้วน ）สบายดีมาก

pʰûːak kʰǎw		tʰáŋ mòt	（lúːan）	sà baːj diː	mâːk
他们		都	（都）	好	很

这也是一套比较基础的教材，但是其中几乎没有提到"都"的用法，只是在"重点句型和词汇"中举了一个例子而已，并没有做出详细的说明。值得注意的是：在生词表和例句中所出现的"都"的注释是"Tʰáŋ mòt""lúːan"（ ทั้งหมด , ล้วน ），这样的话泰国学生就可能会认为泰语的"Tʰáŋ mòt""lúːan"（ ทั้งหมด , ล้วน ）两个词与"都"是同等的，可以互相替换使用。这样一来就对"都"这个词的解释带来了极大的局限性。首先，"都"这个词的意思有很多，泰语里没有任何一个或两个词可以完全涵盖它的所有意思；其次，这种解释过于笼统，这样学生不仅不能准确地把握"都"的意思，反而会在使用它的过程中对"Tʰáŋ mòt""lúːan"这两个词产生混淆，造成错用现象。另外，书中完全没有提到"都"与其他词的搭配情况，这样过于简单，所以学生根本不可能掌握"都"的用法。

二、对泰国汉语教材的考察

泰国汉语教材也采取汉泰翻译的方式来介绍汉语"都"，目前泰国现有的汉语教材中，对"都"的讲解还不够成熟，无论是在语法点的解释上还是在例句的翻译上都存在问题，主要表现在以下几点：

（1）泰国教材对"都"的解释过于简单，泰国教材一般采取汉泰翻译的方式来介绍汉语"都"。但值得注意的是，"都"到底能与泰语的哪些词语对应，泰国教材也没有交代清楚，并缺乏统一性。

（2）泰国教材对"都"的介绍大部分都集中在生词表这一部分。这样的教材设计往往不能满足泰国学生的需求。

（3）汉泰教材对"都"的具体解释内容和方式互相之间也存在一定的差

异。大部分泰国教材采取通过直接翻译的方式来讲解"都",只简单地介绍了"都"能与泰语的哪些词语相对应,未能详细说明"都"的语义及用法,也没谈到"都"的使用条件等。这种方法虽然便于教学,泰国学生也比较好理解,但如果在教材里没有对"都"的语义及用法进行补充说明的话,学生可能容易产生母语负迁移的现象。

（4）在这些教材中都没有出现对"都"与其他词搭配使用的讲解,而这恰恰是最重要的部分。因为在具体的使用中,"都"在大部分情况下是与其他词语进行搭配使用的,不把这些情况讲解清楚的话,学生是很难正确地理解或者使用"都"的。"都"的搭配用法比较复杂,也是对外汉语教学中的重点、难点之一,应该对它进行重视并加强这方面的教学。

泰国蓝康恒大学中文课本将"都"翻译成泰语"lú:an""tʰáŋ mòt",并只在生词表中简单地介绍了"都"可翻成泰语"lú:an""tʰáŋ mòt"（ล้วน,ทั้งหมด),但具体在什么样的情况下才能与泰语的"lú:an""tʰáŋ mòt"对应,教材也没有做出相对应的分析,笔者认为教材应予以补充。显然,只靠几个例句来解释"都"的话是远远不够的,更何况在书中所出现的为数不多的例句中还存在自身的问题。比如:

（2）两个弟弟在念中学,都快毕业了。

น้องชายสองคนเรียนอยู่มัธยม ทั้งสองเรียนใกล้จะจบแล้ว

nɔ́:ŋ tɕʰa:j	sɔ̌:ŋ	kʰon	ri:an	ju	mát tʰá jom
弟弟	两	人	念	在	中学
tʰáŋ	sɔ̌:ŋ	ri:an	klâj	tɕàʔ	tɕòp	lέ:w
都	两	念	快	要	毕业	了

可见,"都"并没有翻译成书中解释的两个意思,这样对学生来说肯定很难以理解,而且老师也要费很大的工夫才能讲解清楚,这样就对教学造成很大的困难,也就违背了教材的设计是为服务课堂教学的初衷。

另外,泰国蓝康恒大学中文课本把"都"解释成了"甚至"和"已经"。笔者认为,这里对"都"的解释与之前汉语教材中对它的解释在某种程度上有些类似，这样解释也会给泰国学生造成误解，泰国学生有可能会认为"都"和"甚至"的用法是完全等同的。比如，如果就像教材中那样把"都"解释为"已经"，并且把"都"等同于泰语的"lɛ́:w"的话，这样做是非常不科学的。因为"已经"只是"都"这个词的多种意思中的一个而已，不能将二者等同；另外，虽然"已经"和"lɛ́:w"都可以用来表示过去，但是它们的意思也不是完全相同的，所以也不能把这两个词等同起来。而且这样一来泰国学生就有可能会认为"都"和"已经"的用法是完全相同的，造成他们对"已经"和"lɛ́:w"的关系上的错误理解。书中并没有详细地说明"都"和"已经"之间的区别，这样就给泰国学生的学习带来了不便。

《现代汉语》把"都"解释成为"tà:ŋ""tʰáŋ mòt""lú:an kɔ̂:"。从这套教材中可以看出，它对"都"的解释与泰国蓝康恒大学中文课本并不相同，而且差别很大。由此可见，目前在泰国的汉语教材中对"都"的解释是不统一的，不过这还需要进一步的证实。另外，《现代汉语》对"都"进行解释时将它翻译成三个词，但是这套教材并没有给出所举的例句的泰语翻译，而且在有的情况下"都"的意思并不能用书中所给出的三个词来概括。所以，这套教材对"都"的解释仍然过于简单，并没有详细地说明"都"的用法。

《基础汉语》这套教材中对"都"做出了新的解释，把"都"解释成"tʰáŋ mòt""tʰáŋ nán""tʰáŋ"。而且给出了大量的例句，这样有利于学生在多看多读的过程中更好地理解"都"。与之前教材类似的是，虽然这里对"都"做出了一些解释，但是书中并没有说明"都"与"tʰáŋ mòt""tʰáŋ nán""tʰáŋ"之间的关系，也就是说没有讲清楚"都"的意思与这些词之间在多大程度上是重合的，相互之间又有什么区别。另外，书中还列举出了"都"的否定用法，这一点是这套教材相对于其他教材的改进，但遗憾的是其中的讲解还不够到位，如没有将在使用"都"时整个句子在什么情况下表示部分否定、什么情况下表示全部否定等解释清楚，而这一点对学生来说正是容易混淆的地方。

《汉语短期教程》把"都"解释成"ru:am tʰáŋ mòt"。这本教材对"都"

的讲解显然不如之前提到的那些教材详细。该教材只将"都"翻译成一个词，这当然不能概括"都"的全部义项。经过本书的考察，"ruːam tʰáŋ mòt"这个词的意思与汉语的"一共"更加接近，这样不但不能将"都"讲解清楚，还会对学生产生误导，所以是不能用这个词来对"都"进行解释的。教材的准确性对学生的学习是至关重要的。

综上所述，中国教材与泰国教材相比，中国教材对"都"的语法解释比较详细，例句也比较多，中国教材的语法解释的特点是不在一课中集中说明，基本上都有层次地在两课或多课中分别加以说明。另外，中国教材的例句大部分都是课文中已出现的例句，这对学生来说比较容易理解。但中国教材也有需要改进的地方，比如，教材使用"all""both"解释"都"，这可能会误导学生将"都"与英语的"all"之间的语义及用法画等号，因此造成偏误。

教材的重要性对学生来说是毋庸置疑的，所以教材中如果存在问题的话，往往会给学生带来一定的学习障碍。笔者发现，在泰国学生写作的偏误中，有些偏误就是由于教材的解释不当、种类不全等原因造成的。教材是教学的依据，也是学生学习的范本，如果教材存在不当情况的话，是必然会影响到泰国学生的习得情况的，所以应该善于发现教材中存在的问题，并积极给予改进。

第三节　中、泰汉语教材练习设置的对比

对练习设置的考察，也采用以上所提的八本教材，下面具体来看考察的结果，并对其进行分析。

一、对中国汉语教材练习设置的考察

中国汉语教材的练习题型种类可以总结如表 5-3 所示。

表 5-3　中国汉语教材练习题型种类一览表

练习题型＼教材	《汉语教程》	《发展汉语》	《博雅汉语》	《泰国人学汉语》
完成对话	✓	✓	✓	✓
改写句子	✓	✓	✓	
朗读	✓	✓		✓
选词填空	✓		✓	✓
完成句子	✓	✓		
造句		✓	✓	
改错句	✓			✓
组句	✓			
替换	✓			
根据课文回答问题		✓		
情境表达		✓		
回答问题			✓	
把词放入正确的位置				✓
连词成句				✓

从表 5-3 可以看出，"完成对话"题型是四本教材共有的，使用数量最多。"朗读""改写句子""改错句""选词填空""造句""完成句子"6 类题型则是部分教材共有。"组句""替换""根据课文回答问题""情境表达""回答问题""把词放入正确的位置""连词成句"7 类题型都只出现在了某一本教材中，使用数量较少。

（一）朗读

"朗读"是《汉语教程》《发展汉语》和《泰国人学汉语》的共有题型，

关于"都"的练习的朗读题型举例如下：

（3）都是、都去、都要、都吃、都是老师、都是朋友、都是学生。

（《汉语教程》第一册上第十一课）

（4）老师　　　　律师　　　　职员　　　　　都是

留学生　　　大学生　　　几口人　　　　我们班

你们家　　　做什么　　　多少个

（《发展汉语》初级综合Ⅰ第五课）

（5）谁都喜欢她。

怎么去都行。

哪儿都不舒服。

什么地方都没去过。

（《汉语教程》第二册下第十八课）

（6）他们都很好。

พวกเขาทั้งหมด（ล้วน）สบายดี

pʰûːak kʰǎw　　tʰáŋ mòt　　（lúːan）　　sà baːj diː

他们　　　　　都　　　　（都）　　　好

（《泰国人学汉语》第二课）

由上可见，虽然练习题中"朗读"不是专门对"都"设置的练习，但值得注意的是，其中出现了"都"的用法，这对泰国学生来说有很大的帮助，泰国学生不但能复习课文的内容，同时还能学到"都"的基本句式及用法。比如，在《汉语教程》中"认读"部分无意中讲解了"都＋谓语"的句式，这对泰国学生掌握"都"的基本位置来说是非常有益的。在《发展汉语》中这种题型也不是专门针对"都"所设置的练习。这种题型可适用的范围非常大，基本上可以运用到所有生词中，对初学者来说也比较重要。《泰国人学汉语》在"重点句型和词汇"中将"他们都很好"翻译成了 pʰûːak kʰǎw tʰáŋ mòt（lúːan）sà baːj diː mâːk［พวกเขาทั้งหมด（ล้วน）สบายดีมาก］，但在"会话练习（主要句型）"中翻译成了 pʰûːak kʰǎw tʰáŋ mòt（lúːan）sà baːj diː：

［พวกเขาทั้งหมด（ล้วน）สบายดี］。值得注意的是,这样的翻译现象缺乏统一的标准,会对学生带来误解。由此不难看出,这种题型不但可以加强泰国学生对"都"的察觉,提高学生记忆的效率,还能引起学生对相关语言点的注意。另外在《汉语教程》第二册（下）的第二十课中,教材讲解里谈到了汉语常用"连……都……"这一结构来表示强调。介词"连"引出要强调的部分（一般是极端情况）,后边用"也、都"与之呼应。在练习的题型里,却只出现了"连……也……"的句子,未出现"连……都……"的用法。如：（1）连一个汉字也不会写。（2）连一句汉语也不会说。这可能会影响泰国学生学习"连……都……"这种句式。

（二）替换

　　"替换"只出现在了《汉语教程》中,其他三套教材均没有涉及这种题型。例如：

（7）A：她也是留学生吗?

　　B：她也是留学生。他们都是留学生。

　　（老师，护士，学生，教授，大夫，营业员）

（《汉语教程》第一册上第十一课）

（8）A：你想吃点什么?

　　B：什么都可以。

　　（喝点儿什么，去哪儿，怎么去，跟谁去，要哪个，要多少）

（《汉语教程》第二册下第十八课）

（9）A：你怎么连这个也不懂?

　　B：谁说我不懂?

　　（这个,不知道。鲁迅的书,没读过。这个题,不会做。长城,没去过。）

（《汉语教程》第二册下第二十课）

　　替换练习的主要目的是让泰国学生学会"都"的语法点,掌握并习惯汉语"都"的句型。通过这样的练习,学生可以以替换句子中的词汇的方式来巩固"都"的用法。这种题型还可以强化"都"的句型特征，通过反复练习，泰国学生会慢慢地记住"都"的语法特征，并做出自然的反应和运用，然后熟练地使用句型。此外，学生除了学会句型的用法以外，同时还可以学到一些新的词汇。值得注意的是在第二册（下）第二十课中，该教材谈到了"连……都……"的句式，在练习中却只出现了"连……也……"，并未出现"连……都……"的相关用法，这也是该教材的一点不足之处。

（三）改写句子

"改写句子"是《汉语教程》《发展汉语》和《博雅汉语》三套教材共有的题型，有关于"都"的改写句子练习如下：

（10）麦克是留学生，玛丽也是留学生。

（11）张东是中国人，田芳也是中国人。

（12）你是老师，他也是老师。

（13）爸爸是大夫，妈妈也是大夫。

（14）他是教授，她也是教授。

（《汉语教程》第一册上第十一课）

这种题型虽然对泰国学生来说是有帮助的，但是机械性太强，无法使学生在练习的过程中灵活运用、融会贯通，更无法举一反三。但反过来说，学生可以通过将自己已经掌握的句型用新的词汇进行部分替换，这样有助于学生体会词汇之间的细微差别，也能使学生更好地学习相关语法点。所以，虽然这种方法缺乏灵活性，但仍然可以通过这样的练习，使泰国学生渐渐形成使用"都"的习惯，这样的练习有利于学生快速熟练地使用"都"，可以强化对"都"的语法特征的掌握。此外，还可以帮助泰国学生理解"都"所表达的语义，建立起新旧知识之间的衔接。但这种练习也有另外一个弊端，即学生可能会只注意到语言结构形式，而忽略了"都"的意义及其使用条件，造成不恰当的使用现象。

在《发展汉语》中也有类似的练习，出现在《发展汉语》中级综合Ⅰ第九课《生物钟》中，如：

（15）只要是中文电脑，我都想看一看。（凡是……，都……）

（16）只要是和父亲的"战争"，每一次都是我失败。（凡是……，都……）

（17）只要是运动，他都喜欢。（凡是……，都……）

泰国学生可以通过这样的练习渐渐形成使用"凡是……都……"的习惯，这样的练习有利于学生快速熟练地使用"都"，并且通过"都"的相关用法与其他用法的转换，学生可以更好地理解句子的意思，也可以强化对"都"的语法特征的掌握。此外，还有"模仿例句，用所给的条件和结果构成'不管……都……'句式"，出现在《发展汉语》初级综合Ⅱ第二十一课《愚公移山》中，关于"都"的练习如下：

例：（条件）　　　　　　　（结果）

　　难不难　　　　　　　　学习

　→不管汉语难不难，我都想学下去。

（18）喜欢不喜欢　　　　　参加

　→_____

（19）刮风还是下雨　　　　锻炼

　→_____

（20）什么人　　　　　　　遵守规定

　→_____

（21）多么忙　　　　　　　吃早饭

　→_____

（《发展汉语》初级综合Ⅱ第二十一课）

可见，学生通过这样的练习，可以渐渐养成使用"不管……都……"的习惯。但这种练习也有缺点，比如学生可能只会注意到相关语言结构形式，而忽略了具体的语义，从而造出不符合逻辑的句子。这种题型也会受到语境的限制，学生造出的句子中可能会出现只有在特定语境下才合法的现象，这样虽然有助于学生发挥其想象力，但会受到实际情况的制约。另外，由于每个学生的词汇量大小不同，大部分学生做这种题型时更倾向于用非常短小的句子进行作答，虽然答案正确但并不能达到练习相关用法的目的。

在《博雅汉语》中也出现"按照例句改写句子"的练习，出现在《博雅汉语》初级起步篇Ⅰ第八课《你的电话号码是多少？》中，如：

例：21路到中华大学，106路也到中华大学。

→ 21路和106路<u>都</u>到中华大学。

（22）大卫是留学生，玛丽也是留学生。

→_____。

（23）我的同屋有自行车，我也有自行车。

→_____。

（24）李军去图书馆，刘明也去图书馆。

→_____。

（25）张红明天没有时间，玛丽也没有时间。

→_____。

（《博雅汉语》初级起步篇Ⅰ第八课）

可见，通过这样的练习，可以使学生渐渐形成使用"都"的习惯，并且通过这种同义句之间的改写也可以让学生更好地掌握"都"的具体用法以及语法特征。而且这种用法在现实生活中的使用频率是很高的，通过掌握这种题型可以使学生在具体使用类似用法的时候自然地联想到用"都"来表达。但这种练习也有缺点，学生可能会只注意到其语言结构形式，忽视"都"的意义与使用条件的现象，从而可能会写出病句。

在《博雅汉语》中，还出现用"都"的句式改写句子。比如，"用'不管……都……'改写下面的句子，根据需要可以增加或者减少一些词语"，出现在《博雅汉语》准中级加速篇Ⅱ第六课《我的理想家庭》中，关于"都"的练习如下：

（26）老板称赞你，你得听着；老板批评你，你也得听着。

→_____。

（27）我们公司不要女的，虽然你的工作经验很丰富，能力也挺强。

→＿＿＿＿＿＿＿＿＿＿＿＿＿＿＿＿＿＿＿＿＿＿＿＿＿＿＿。

（28）说谎的原因可能有很多，但是在任何情况下说谎都不值得。

→＿＿＿＿＿＿＿＿＿＿＿＿＿＿＿＿＿＿＿＿＿＿＿＿＿＿＿。

（29）恋人给你做的菜哪怕难吃得要命，你也得做出很好吃的样子。

→＿＿＿＿＿＿＿＿＿＿＿＿＿＿＿＿＿＿＿＿＿＿＿＿＿＿＿。

（30）自己的孩子聪明，父母当然喜欢；如果孩子有点儿笨，父母也不会
　　　不喜欢。孩子漂亮，父母喜欢；孩子不漂亮，父母也不会不喜欢。
　　　孩子学习好，父母当然高兴；孩子学习不好，父母还是爱自己的孩子。

→＿＿＿＿＿＿＿＿＿＿＿＿＿＿＿＿＿＿＿＿＿＿＿＿＿＿＿。

可见，通过这样的练习有益于帮学生习惯使用"不管……都……"的用
法，并且通过意思相近的句子之间的改写也可以熟悉该句型的用法。这种既
有归纳又有改写的题型相对来说是有些困难的，因为学生在做这种题型时，
首先需要把例句中给出的条件用"不管"进行连接并归纳，然后再将其与
"都"进行搭配使用，这对语言表达水平的要求更高。笔者认为，"不管……
都……"的结构形式虽然重要，但教师也应该注重"不管……都……"的语
义特点。

（四）完成对话

"完成对话"是中国四套汉语教材的共有题型，关于"都"的练习，如下：

（31）A：听力考试难吗？

　　　B：很难＿＿＿＿＿＿＿＿＿＿＿＿＿＿＿＿。（连……也／都……）

（32）A：来中国以前你学过多长时间汉语？

　　　B：＿＿＿＿＿＿＿＿＿＿＿＿＿＿＿＿＿。（连……也／都……）

（33）A：听说她结婚了。

　　　B：胡说，＿＿＿＿＿＿＿＿＿＿，跟谁结婚呢？（连……也／都……）

（34）A：这些书你看完几本了？

　　　B：我刚借来，_____。（连……也／都……）

（《汉语教程》第二册下第二十课）

这种练习要求学生必须使用"连……也／都……"来回答问题，通过这样的练习方式，能够训练学生熟悉"连……都……"的结构，还可以促进他们在交际语境中准确地使用"连……都……"来进行表达。在教材中，通常情况下对"连……都……"和"连……也……"这两种用法是不进行区分的。通过对这种题型的练习，可以使学生能够更恰当地表达自己所想说的内容，使表达的语气更强。

在《发展汉语》中也出现类似的练习，例如：

（35）A：你们都是学生吗？

　　　B：_____。（都 dōu）

（《发展汉语》初级综合Ⅰ第五课）

（36）A：哪些人可以参加这个新年晚会？

　　　B：_____。（凡是……都……）

（《发展汉语》中级综合Ⅰ第九课）

以上可见，这种题型有明确的要求，学生必须使用"都"进行对话，这种练习的特点是将语言形式和交际语境关联在一起，有利于促进学生在给定的交际语境中准确地使用汉语"都"。"凡是……都……"这个用法出现在教材或练习里的频率不高，但它对理解"都"的相关用法来说也非常重要。因此，我们还需要增加对该用法的讲解以及练习。

（37）有这种机会吗？我连听都没_____过。

（《发展汉语》初级综合Ⅱ第二十三课）

这个题型也是根据具体的情境来设置的，笔者认为，这样的练习实用性比较强，能鼓励泰国学生多动脑筋主动表达，对于其他题型来说相对比较灵活，有助于学生进行自主思考。

另外，在《发展汉语》中，出现"根据语境，选择上面例句中合适的句

子完成对话",关于"都"的练习如下:

（①不管你同意不同意，我都要去。②不管事情多难办，我们也得办。③不管有什么理由，这次考试你都必须参加。）

（38）A：老师，我可以不参加考试吗？我明天有事。

　　　B：＿＿＿＿＿＿＿＿＿＿＿＿＿＿＿＿＿＿＿。

（39）A：这事可不好办，我看还是别办了。

　　　B：＿＿＿＿＿＿＿＿＿＿＿＿＿＿＿＿＿＿＿。

（40）A：我不同意你去。

　　　B：＿＿＿＿＿＿＿＿＿＿＿＿＿＿＿＿＿＿＿。

这种题型的特点是要求学生必须根据语境选择适当的回答来完成对话，这样有利于学生在实际交际场景中加强"都"的练习及运用，促进他们对语言知识的整合。

在《博雅汉语》中，笔者发现"完成对话"的特点是要求学生必须使用指定的词语完成对话，比如，在《博雅汉语》准中级加速篇Ⅱ第六课中，要求学生必须要用"不管……都……"完成下面的句子或对话。例如:

（41）妈妈：从明天开始你必须戴眼镜。

　　　孩子：可是我不习惯戴眼镜。

　　　妈妈：＿＿＿＿＿＿＿＿＿＿＿＿＿＿＿＿＿。

　　　孩子：我戴上眼镜太难看了。

　　　妈妈：＿＿＿＿＿＿＿＿＿＿＿＿＿＿＿＿＿。

　　　孩子：我的朋友们会笑话我的。

　　　妈妈：＿＿＿＿＿＿＿＿＿＿＿＿＿＿＿＿＿。

（42）女：我要和你结婚。

　　　男：我个子不高，长得也不好看。

　　　女：＿＿＿＿＿＿＿＿＿＿＿＿＿＿＿＿＿。

　　　男：我工资不高，也没有自己的房子。

　　　女：＿＿＿＿＿＿＿＿＿＿＿＿＿＿＿＿＿。

男：我以前曾经做过错事。

女：_____。

男：你的父母可能会反对。

女：_____。

（《博雅汉语》准中级加速篇Ⅱ第六课）

以上可见，这种题型的优点是提示了一定的语境或场景，要求学生在不同的语境中使用"不管……都……"完成对话。这种题型有利于帮学生熟悉语言环境，提高学生的交际能力。另外，也出现类似的练习，如：

（43）A：如果没有奖学金，你还要出国留学吗？

B：_____。（无论……都……）

（44）A：听说学中国画并不容易，你还打算学下去吗？

B：_____。（不管……都……）

（《博雅汉语》中级冲刺篇Ⅰ第七课）

（45）A：哪些人可以到这个图书馆借书？

B：_____。（凡是……都……）

（46）A：你认为哪些国家曾经受到过中国文化的影响？

B：_____。（凡是……都……）

（《博雅汉语》中级冲刺篇Ⅰ第八课）

可见，这种练习要求学生必须使用括号中的词语完成对话或句子，可以引导学生主动思考，学生在一定的情境中练习"都"的语法点，有利于帮学生培养具体的交际能力，学生还可以直接使用在自己的日常生活中。

在《泰国人学汉语》中也出现类似的练习，例如：

（47）A：你爸爸妈妈好吗？

B：他们都很好，你哥哥好吗？

A：_____。

（《泰国人学汉语》第二课）

这种题型的优点是在具体的生活情境中帮助学生熟悉真实的语言环境，

并顺利进行会话。通过这样的练习，学生不仅能够掌握"都"的语法特点，还可以巩固"都"的语法规则，使学生在具体的环境中能够准确地使用"都"。笔者认为，教师可以建立一个虚拟的语言环境，在课堂上让学生进行情景对话，这样不仅能提高学生的交际能力，还可以加强学生对所学知识的运用，并且具有较高的趣味性。

（五）组句

这是《汉语教程》的练习题型，例如：

例：留学生　他们　是　都 → 他们都是留学生。

（48）都　不　我们　留学生　是 → ＿＿＿＿＿＿＿＿＿＿

（49）大夫　我爸爸　都　妈妈　是 → ＿＿＿＿＿＿＿＿＿＿

（《汉语教程》第一册上第十一课）

这种练习的目的是考查学生是否能准确辨析句子成分的能力。这种练习可以加强学生对汉语句子成分的语序的认识，通过练习可以慢慢将其掌握。比如，在（48）句中，学生必须知道"都"在对应的正确句子中的位置，才能正确地答题。但在这种题型里比较容易出现歧义句，因为使用已给出的词进行组句时可能会有多种可行性方案，学生很可能写出语法正确但是逻辑错误的句子。

（六）改写句子

"改写句子"是《汉语教程》《泰国人学汉语》的共有题型，关于"都"的练习，如下：

（50）连我看得懂说明书，你一定看得懂。（《汉语教程》第二册下第二十课）

（51）连她不会做这个题，我也不会。（《汉语教程》第二册下第二十课）

（52）我以前连一次也没来过中国。（《汉语教程》第二册下第二十课）

（53）不管天气不好，我们也得去上课。（《汉语教程》第三册上第七课）

（54）不管这个问题非常难，我们都把它要解决。

（《汉语教程》第三册上第七课）

这种题型对学生有两个要求。首先，学生必须具有良好的判断能力，能辨别句子的正误，然后再将带有偏误的句子进行纠正。教师可以通过泰国学生习得"都"的难点来设置这种题型。通过这样的练习，能够帮学生更好地理解"都"的难点，并避免一些可能会出现的错误。其次，教师还可以通过这样的练习，预测学生在使用"都"时可能出现的问题等。

《泰国人学汉语》也有类似的练习，这种练习要求学生必须有判断能力以及改正语法偏误的能力。例如：

（55）我和他都是泰国人。(《泰国人学汉语》第十一课)

（56）何娜除了会说汉语以外，都会说英语。

(《泰国人学汉语》练习Ⅲ第六课)

"判断正误及判断正误并改错"属于运用性练习，这种题型的目的是培养学生的判断能力以及改正语法偏误的能力。目前有些对泰汉语教材在讲解汉语"都"时，只说明了"都"能翻译成什么，并没有详细的解释，这可能会引起学生对"都"的认识的混淆。笔者认为，如果在练习中，考虑到泰国学生在使用"都"时经常对相关的哪些句式犯错误，并且在此基础上引导学生应该对这些句式加以重视并思考改正，这样一来就会有利于促进"都"的教学。另外，在针对泰国学生教学时，应该注意的是：这种练习必须建立在学生学习过程中已经出现的偏误的基础上，而不是教师预测的偏误上。因为教师预测的偏误毕竟只是预测，无法保证其准确率，可能会产生某些预测的偏误在实际中不存在的现象。对泰汉语教材的编写应该看重泰国学生的偏误语料，通过真实的语料来加强练习编写的科学性和有效性。

（七）选词填空

"选词填空"是《汉语教程》《博雅汉语》《泰国人学汉语》的共有题型，关于"都"的练习，如下：

A. 可笑　一齐　矛盾　入迷　优美　偷偷　既然　其中　不管　根本

（57）＿＿＿＿＿＿＿＿＿＿＿＿＿＿＿遇到什么困难都不要怕。

(《汉语教程》第三册上第七课)

学生通过对这种填空题型的练习，可以检验自身对某些词以及句型的掌握程度，包含同义词、近义词辨析，助词、虚词的用法，以及不同句型的不同结构特征等。并且，学生在练习这种题型的时候还可以通过该思考过程对相关联的语法点进行无意识的整合，达到学习和复习同时进行的效果。另外，学生在辨析近义词、同义词时，还能够更好地熟悉生词的字形，可以培养学生在构词方面的意识，养成通过字形来辨析字义的习惯。

《博雅汉语》也有类似的练习，例如：

（都　　当然　　不过　　怎么）

（58）我和同屋（　　）有音乐磁带，（　　）我的是美国音乐，她的是中国音乐。

（《博雅汉语》初级起步篇 I 第八课）

可见，虽然"选词填空"不只是针对"都"而设计的练习，但也包含"都"的用法。这样的练习可以鼓励学生开动脑筋，也可以让学生多接触汉语"都"的运用，有利于培养"都"的语感。

《泰国人学汉语》也有类似的练习，但与《汉语教程》和《博雅汉语》不同的是要求学生能够兼顾全篇。例如：

（59）（没、不、很、都、也、还、和、的）

王美有一个姐姐，＿＿＿＿有哥哥。甘雅有三个姐姐，＿＿＿＿有一个哥哥。林小平没有哥哥，＿＿＿＿没有姐姐。王美＿＿＿＿甘雅说，她们＿＿＿＿是林小平＿＿＿＿姐姐。

（《泰国人学汉语》第十一课《你家有几口人》）

（60）（也、都、和、旁边、没、不、里边、还、外边、还是）

我家＿＿＿＿是 W 电影院。电影院＿＿＿＿很大，＿＿＿＿很漂亮。我们＿＿＿＿喜欢去那里看电影。电影院对面是一个公园。星期天，我＿＿＿＿姐姐常常去那里玩儿。这个星期天不热，我们＿＿＿＿去公园。

（《泰国人学汉语》第十八课《我家在华侨崇圣大学后边》）

（61）（跟、也、当然、就、要、太、里、上、外、都）

小平的男朋友问她："今天_____我一起吃饭，好吗？"她很高兴，说："_____好"。他们先去一个大排档，那里人_____多。他们去一家餐厅。餐厅_____很漂亮，桌子_____还有很多漂亮的照片，人_____不多。他们_____很喜欢。

（《泰国人学汉语》第十九课《学校前边有一个小超市》）

这种题型要求学生能够兼顾全篇。学生做这种练习时，除了要考虑相关语法的关系以外，还要考虑语言环境、上下文关系其他因素。值得注意的是这个练习虽然不是专门针对"都"来设置的，但在这种练习的题型里也包含汉语"都"的练习。因此，这样的练习给出的语境更加具体，答题时需要学生具有更强的逻辑性，这也更加有益于帮助学生获得更多接触到"都"的句式的机会，学生会自然而然地熟悉汉语"都"的句式及相关用法。

（八）完成句子

"完成句子"是《汉语教程》和《发展汉语》的共有题型，关于"都"的练习如下：

（62）都十二点了，该_____。（《汉语教程》第二册上第三课）

可见，在《汉语教程》对"都……了……"句式的练习设置中，只涉及一个问题，这样可能会影响泰国学生对"都……了……"句式的学习。因为该句式的练习出现的频率过少，所以学生有机会练习"都……了……"句式的机会也随之减少，造成练习不足，对学生的学习来说是非常不利的。

（63）说实话，能不能实现自己的理想，我_____。（一点儿……+也没……）（《汉语教程》第三册上第四课）

（64）来中国以前，我_____。（一点儿……+也不……）

（《汉语教程》第三册上第四课）

在这里，在教材讲解到了"一点儿"和"不、没"之间可以插入"也、都"这一现象。但值得注意的是在上述练习的题型里，只出现了使用"也"的句子，没有出现使用"都"的句子。这样的话练习就不够充分，不能满足训练学生掌握该语法点的需求，也有可能造成学生对该句型只达到片面理解的现象。

（65）_____，我都会坚持下去的。（不管）（《汉语教程》第三册上第七课）

（66）他是一个非常热情的人，_____，都会帮助你的。（不管）

（《汉语教程》第三册上第七课）

（67）A：星期一就要考试了。

B：_____，我们星期日晚上一定要回到学校。

（《汉语教程》第三册上第七课）

以上可见，通过这样的练习，学生不仅能够掌握"不管……都……"的语法特点，还可以巩固"都"的语法规则，使学生能在具体的环境中准确地使用汉语"都"。

《发展汉语》也有类似的练习。例如：

（68）这本书太难了，_____。（连……都……）

（69）我的家乡到处是果树，_____。（连……都……）

（70）他每天忙得_____。（连……都……）

（71）他说的是上海话，别说外国人了，_____。（连……都……）

（《发展汉语》初级综合Ⅱ第二十三课）

这种练习要求学生必须通过使用"连……都……"来完成句子，通过这样的练习方式，不仅能够训练学生熟悉"连……都……"的结构，还可以促进在交际语境中准确地使用"连……都……"来表达。

（72）你胖得走都_____，怎么参加运动会？

（73）她最小气了，找她借钱，最好想都_____。

（74）明天给我可不行，明天这个时候我都_____了。

（75）我现在一分钟的时间都_____，你就别添乱了。

（《发展汉语》高级综合Ⅱ第四课）

（76）每到周末，我们都_____。

（77）每到_____，孩子们都会收到很多的礼物。

（《发展汉语》中级综合Ⅰ第九课《生物钟》）

"完成句子"作为一种很常见的汉语考察题型，出现在对外汉语教材中的频率很高，也非常重要。通过上面的例子可以看出，与上文中提到的练习类似，通过这样的练习，学生不仅能够掌握 "都" 的语法特点，还可以巩固 "都" 的语法规则，使学生能在具体的环境中准确地使用汉语 "都"。

（九）根据课文回答问题

"根据课文内容，用所给词语回答问题"，是《发展汉语》的练习题型，出现在《发展汉语》初级综合Ⅱ第二十一课《愚公移山》中，如下：

（78）愚公为什么要移山？（不管……都……、必须、不方便）

（79）愚公一家人怎么努力地移山？（不管……都……、连……都……）

（80）对聪明老头儿和愚公的问题，你能复述一下吗？（笨、连……都……、子子孙孙、为什么……呢）

（《发展汉语》初级综合Ⅱ第二十一课）

这类题型主要是考查学生对课文内容的理解，这种练习的优点是学生学完以后，可以及时回顾课文的内容，有利于促使学生复习。学生根据括号中的词语回答问题，可以帮助强化 "都" 的搭配及运用，学生可以通过这种练习掌握 "都" 的很多相关句式。但值得注意的是在第二十一课中已经出现 "连……都……" 句式，课文里却并没有任何的注解。直到第二十三课的 "综合注释" 中才出现关于 "连……都……" 句式的注解。

（十）情境表达

"情境表达" 是《发展汉语》的练习题型。

"根据语境，选择上面例句中合适的句子完成对话"，出现在《发展汉语》初级综合Ⅱ第二十一课《愚公移山》关于 "都" 的练习中如下：

（①不管你同意不同意，我都要去。②不管事情多难办，我们也得办。③不管有什么理由，这次考试你都必须参加。）

（81）A：老师，我可以不参加考试吗？我明天有事。

　　　B：_____。

（82）A：这事可不好办，我看还是别办了。

　　　B：＿＿＿＿＿＿＿＿＿＿＿＿＿＿＿＿＿＿＿。

（83）A：我不同意你去。

　　　B：＿＿＿＿＿＿＿＿＿＿＿＿＿＿＿＿＿＿＿。

（《发展汉语》初级综合Ⅱ第二十一课）

　　这种题型的特点是要求学生必须根据语境选择适当的回答来完成对话，这样有利于学生在实际交际场景中加强"都"的练习及运用，促进他们对语言知识的整合。

　　还有类似的题型是"模仿例子，根据所给的情境分角色进行对话"（用"不管……都……"和"再说……"），这种题型出现在《发展汉语》初级综合Ⅱ第二十一课《愚公移山》中，关于"都"的练习如下：

　　例：（情境：夫妻两人商量买房子）

　　　丈夫：不管以后怎么样，我们现在都不能买。

　　　妻子：我和儿子都想买。

　　　丈夫：不管谁想买，我都不同意。

　　参考情境（可任选一个）：

（84）一名大学生想退学，父亲不同意。

（85）一名员工想请假，老板不同意。

（《发展汉语》初级综合Ⅱ第二十一课）

　　以上可见，这种模拟真实对话的情景练习，是通过情景对话来加强学生的口头表达能力的，这种题型不仅可以加强练习"不管……都……"的用法，而且注重交际功能。学生通过特定的情景反复地练习，可以使学生熟练地掌握"不管……都……"句式的使用方法。而且这种题型所给出的选项之间有时是比较类似的，这也对学生辨析句子意义的能力有了进一步的要求。

（十一）造句

　　"造句"是《发展汉语》和《博雅汉语》的共有题型。

这种题型是"用所给的词语和格式造句",出现在《发展汉语》初级综合Ⅱ第二十三课《我的低碳生活》中,关于"都"的练习如下:

（86）洗　　　　干净　　　　（怎么都 V 不……）

→ _____

（87）新年　　　不休息　　　（连……都……）

→ _____

（《发展汉语》初级综合Ⅱ第二十三课）

这个题型是要求学生用所给的词语和格式进行创造性的准确输出,学生必须要了解"都"的意义和结构形式,使用相关语言点创造性地进行自由准确表达。造句对留学生来说有一定的难度,因为学生所具有的词汇量有限,这在很大程度上会对他们的创造性产生限制。而且教师也要注意的是,有的学生可能只用简单的句子来应付题目,所以这种题型最好和一些附加的限制条件相结合,从而更好地促进学生思考,激发创造力。

在《博雅汉语》中也出现类似的练习:"请你用本课重要的语言点造句",如:

（88）无论 / 不管……都……/ 也……

（《博雅汉语》中级冲刺篇Ⅰ第七课）

（89）凡是……都……

（《博雅汉语》中级冲刺篇Ⅰ第八课）

这个题型是要求学生用所给的词语和格式进行创造性的结合,然后正确地进行表达。学生必须要了解"都"的意义和结构形式,使用语言点创造性地自由准确表达。这种主观性的题型对学生的汉语水平要求更高,能够考查学生的词汇、语法、逻辑性等各个方面,所以"造句"对留学生来说是相对比较难而且比较容易出错的一个题型。因此,我们要对这种容易出现错误的题型重视起来,这将对教学有很大的帮助。

（十二）把词放入正确的位置

"把词放入正确的位置"是《泰国人学汉语》的练习题型：

（90）A 我们 B 喜欢 C 坐船 D 去那里。（都）

（《泰国人学汉语》第十八课）

《泰国人学汉语》中这种题型的目的是考查学生是否能找出"都"的位置。这种练习除了能帮学生掌握"都"的位置以外，还可以防止学生的遗漏偏误和错序偏误。这种题型出现在对泰汉语教材中的频率很低，没有出现在其他三套教材中。在《泰国人学汉语》中，这种题目的数量也很少，而且其难度也相对比较简单。这种题型所考查的内容相对比较单一，学生在做这种题时只需要掌握好"都"出现在句中的位置即可。

（十三）连词成句

"连词成句"是《泰国人学汉语》的练习题型：

（91）每个　电影　　星期　　小美　　都　　看　　去

_____

（《泰国人学汉语》练习Ⅲ第六课）

（92）人　　的　　看　　周围　　热闹　　的　　是　　都

_____

（《泰国人学汉语》练习Ⅲ第十课）

这种练习的目的是考查学生是否能准确辨析句子成分的能力，这种练习可以加强学生对汉语句子成分语序的认识与掌握。该题型与之前提到的"组句"非常相似，在这里可以将其看作"组句"的一个升级版。通过对这几套教材中的"组句"和"连词成句"对比后可以发现，除了对题型的命名不同外，前者的考查更加基础，后者则对学生的要求更高。学生做这种题型时，不但要思考句子的成分，同时还要考虑语义和语法的搭配才能正确地答题，所以这种题型对留学生来说难度相当大，因为学生在解题的过程中需要考虑很多相关的因素。

（十四）回答问题

"回答问题"是《博雅汉语》的练习题型。"使用'连……也……'句式回答问题"，出现在《博雅汉语》初级起步篇Ⅱ第五十二课《一个电话》中，关于"都"的练习如下：

（93）姐姐去了很多地方旅行，对吗？

→_____

（94）他的时间安排得满满的，对吗？

→_____

（95）那家餐厅不好，很多菜都没有，对吗？

→_____

（96）京剧的台词，只有留学生听不懂，对吗？

→_____

（《博雅汉语》初级起步篇Ⅱ第五十二课）

可见，在第五十二课的语法点已出现"连……都……"的注解，但在练习的题型里，并没有专门针对"连……都……"的练习。

"用'不管……都……'回答问题"，出现在《博雅汉语》初级起步篇Ⅱ第五十三课《笑话》中。关于"都"的练习如下：

（97）你今天谁也不想见吗？

→_____

（98）今天你想吃什么？

→_____

（99）你有写日记的习惯吗？

→_____

（100）我们去哪儿玩儿比较好？

→_____

（101）小时候，你爸爸每天都给你讲故事吗？

→_____

（102）今天我很累，可以不去上课吗？

→＿＿＿＿＿＿＿＿＿＿＿＿＿＿＿＿＿＿

　　　　　　　　　　　　（《博雅汉语》初级起步篇Ⅱ第五十三课）

　　这种练习通过对学生强迫性的要求来使用"不管……都……"进行回答问题，用这样重复练习的方式，能够训练学生熟悉"不管……都……"的结构，还促进在交际语境中准确地使用"不管……都……"来表达。对这种题型，很多学生会由于避免出现错误而对问题进行非常简单地回答，这样的话也就违背了设计这种题型的初衷。因此，我们应该鼓励学生大胆答题，尽量运用自己所学的知识使回答更加完整、有意义。

二、对泰国汉语教材练习设置的考察

　　在泰国蓝康恒大学中文课本中，针对语法点的练习很多。教材对"都"的用法做出了一些说明却没有与"都"相对应的练习题，这样的安排是不太合理的。教材中对"都"的解释本来就有限，不能让学生充分地对"都"进行理解，如果在这样的基础上还缺乏相应的练习的话，学习起来就难上加难了。可以说，必要的相关练习能对教材中语法点的解释的不足做出或多或少的弥补。

　　在《现代汉语》中，虽然在生词表中有简单的介绍"都"可以翻译成泰语"tàːŋ""tʰáŋ mòt""lúːan kɔ̂ː"，但在练习部分也没有出现专门针对"都"设置的练习。与泰国蓝康恒大学中文课本一样，缺乏配套的练习的话学生可能受到受母语的影响，会产生用泰语的语言特点来看待汉语"都"，把"都"等同于泰语的"tàːŋ""tʰáŋ mòt""lúːan kɔ̂ː"的情况。

　　《基础汉语》第一册第二课关于"都"的练习，只有例句，如下：

（103）我们都没粉笔。

　　　　พวกเราไม่มีชอล์คทั้งนั้น

　　　　pʰûːak raw　　　mâj miː　　　tɕʰɔ́ːk　　　tʰáŋ nán
　　　　我们　　　　　　没　　　　　粉笔　　　　都

（104）我们都很累。

พวกเราเหนื่อยมากทุกคน

pʰûːak raw nɯ̀ːaj mâːk tʰúk kʰon

我们 累 很 都

可见，《基础汉语》没有把"都"作为重点语法项目加以解释，只是随着课文中对话的出现，采取汉泰翻译的方式来介绍而已，没有详细的说明与解释，汉语"都"到底能与泰语的哪些词语对应，它们之间有什么异同。

但是，在《汉语短期教程》第四课的练习题中，有关"都"的练习却只有"扩展"，例如：

（105）他们是泰国人。

他们都是泰国人。

他们不是泰国人。

很明显，在《汉语短期教程》中，没有针对"都"的语法点练习，只在"扩展"中出现"都"的一个例句，由此不难看出《汉语短期教程》对"都"的练习题设计还存在很多问题，不仅题量少，而且缺乏针对"都"的专项练习。

综合上述对泰国教材的练习设置的考查，可以发现泰国教材提供的练习题量明显不足。很多泰国教材在练习部分都没出现专门针对"都"设置的练习。值得注意的是，有的泰国教材在语法讲解部分出现了汉语"都"，在练习部分却没有出现与"都"相对应的练习。泰国教材采取汉泰翻译的方式练习汉语"都"，这样的练习很容易引起母语负迁移，学生可能会受到泰语的干扰。

中国教材关于"都"的练习，题型多样，内容也比较充分，而且提供的练习题量也比较多。中国教材一般如果出现"都"的语法解释，在练习部分总会出现相对应的练习。此外，中国教材的练习设置也有一定的层次性，体现了由易到难的原则。

第四节　小　　结

　　本章对五种教学大纲以及八种教材（中、泰各四种）关于"都"语法点的安排以及练习的设置进行了细致的考察和分析，发现无论是教学大纲，还是教材都存在诸多问题。本书所考察的五种大纲对"都"的各种搭配和用法的选取和排序各有选择，排序的依据也不完全相同。另外，这些大纲都缺乏对与"都"搭配的相关词汇的语义解释，缺乏对"都"在某种特定句式中的位置的讲解和说明。教学大纲指导教学实践活动，教学大纲存在不同，教学效果也就难免出现差异。泰国教材，无论是在语法点的安排，还是在练习的设置上都存在很大的问题，要比中国的汉语教材滞后，不仅相关汉语"都"的研究成果没有被很好地吸纳到教学中，教材的编写顺序也都或多或少地缺乏系统性和科学依据。本章对大纲、语法点安排、语法项目的设置的考察和分析说明，对泰汉语教学所通用的汉语教材和教学大纲中关于"都"编写顺序方面的研究还有待进一步完善。

第六章　针对泰国学生"都"的教学策略

　　泰国学生在学习和使用汉语"都"的过程中，产生偏误是不可避免的，关键是如何采取有效的措施来纠正偏误，从而使学生学好汉语。教学有三要素：教师、学生、教材。本章主要针对教学方法和教材并结合偏误产生的原因，提出针对泰国学生的"都"的教学对策。

第一节　教材和工具书的编写

　　目前关于这方面的教材和工具书对语法点"都"的编写还存在很大问题。由于目前为止语法学界对"都"的翻译还没有统一的标准，到底"都"能对应到泰语的哪些词语，到现在还没有定论。比如，《泰国人学汉语》指出："都"可翻译成泰语"Tʰáŋ mòt""lú:an"。❶《跟我学汉语》指出："都"可翻译成泰语"tʰáŋ nán"。❷《基础汉语一》（巴屏主编，朱拉隆功大学的汉语教材）

❶ 徐霄鹰，周小兵.泰国人学汉语 I［M］.北京：北京大学出版社，2006.
❷ 陈绂，朱志平.跟我学汉语［M］.北京：人民教育出版社，2009.

指出："都"可翻译成泰语"Tʰáŋ mòt""tʰáŋ nán""tʰáŋ"。❶《汉语会话301句》指出："都"可翻译成泰语"Tʰáŋ mòt"。❷《新汉泰词典》指出："都"可翻译成泰语"lúːan""lúːan tɛ̀ː"。❸由此也给教材和工具书的编写带来困难。

但是我们不能回避目前对泰汉语教材有待进一步完善的事实，比如生词表中应该改善"都"的注释，或在课文中加上注释，注明"都"在什么语境中可以与泰语的哪些词语对应，以及对应的条件是什么。对此，可以从语法、语义和语用三个方面来进行对比，讲解"都"与泰语相关的用法，这样泰国学生容易掌握"都"的使用规则。另外，很多对泰汉语教材，只涉及"都"要放在动词或形容词前面，或"都"可翻译成泰语"Tʰáŋ mòt"；并没有对其所总括的主语进行分析，也没有指出"都"表示"总括"的语义特征或者"都"表示语气的语义特征。另外，对泰汉语教材没有对与"都"同现的词语及其用法做出详细的说明，比如"每……都……""连……都……"等结构。

此外，在与汉语"都"相关的研究中，目前尚未发现相关的汉泰对比研究。笔者认为，如果要进行对比的话至少应该做出如下两个方面的对比。

一方面，在汉语"都"与泰语的对应形式上，有多少与泰语相对应，有多少不能对应。比如在对应和不对应的形式中，哪些是泰国学生容易掌握的，哪些是难掌握的，哪些是泰国学生在学习和使用"都"的过程中最容易出现的偏误。通过考察，笔者发现，基本上汉泰对应的形式是泰国学生容易掌握的部分，特别是比较固定的句式。而不对应的形式则是泰国学生容易出现偏误的地方，如"每……都……"等句式。这无疑是受到泰语的影响，因为在泰语中类似包含"每"的表达中，并不要求一个类似"都"的词与之呼应，汉语里却必须用"都"与"每"同时使用。

另一方面，运用语内对比的方法来讲解"都"。泰国学生偏误最多的类型是汉语"都"与其他词语的混淆，教师不仅应该加强汉泰对比，还要加强语

❶ ประพิณ มโนมัยวิบูลย์. ภาษาจีนกลางขั้นพื้นฐาน 1（基础汉语一）. กรุงเทพมหานคร：โรงพิมพ์จุฬาลงกรณ์มหาวิทยาลัย. 2006.

❷ 康玉华，来思平. 汉语会话301句［M］. 北京：北京语言大学出版社，2003.

❸ 裴晓睿. 新汉泰词典［M］. 南宁：广西教育出版社，2011：125.

内对比研究，比如"都"与"也"、"都"与"就"等。通过语内对比学生就不会认为这些词语的用法是相同的，这样就会减少"都"与其他词语的混淆现象。

从学习的起点来看，泰国学生大多是从大学开始学习汉语的。而且，大学里的汉语学习基本上都是以课堂教学的形式进行的，学习并使用汉语的时间和机会都有限，其效果与身处于当地语言为汉语的环境相差很大。在泰国学生学习汉语"都"的偏误中，多源于母语的影响，由于"Tʰáŋ mòt""lúːan""tʰáŋ nán"等词在汉语中均含有"全部"的意思，但它们的对应关系是有一定限制的，并不完全等同。泰国学生在学"都"时，受母语的影响较大，容易用泰语的语言特点来看待汉语"都"，把"都"等同于泰语的"Tʰáŋ mòt""lúːan""tʰáŋ nán""kɔ̂ː"等，就有可能造成偏误。所以在对泰汉语"都"的教学中来自泰语本身的影响是不能忽略的，教学中应加强汉语"都"与泰语相关的用法对比，比较其共同点与不同点，从而加以区分，并讲清"都"的用法及其在泰语中的对应表达。

综上所述，可以从三个方面来看待教材和工具书的编写问题。（1）在如何编写方面，应该针对泰国学生的实际情况，将其特点应用或者体现在教材和工具书中；（2）在如何解释方面，教材和工具书中应该尽量兼顾两种语言之间的异同对语法点进行解释，对那些两种语言差别较大的语法点需要增加例句的数量，这样能够让学生在大量具体的例句中来体会语言之间的差别；（3）在如何翻译方面，可以将本书的研究成果应用在教材和工具书之中，针对泰国学生的实际情况来进行翻译，翻译的过程中也要把重点放在对那些关于两种语言不同之处的语法点的翻译上，还要加以例句进行辅助解释，根据实际情况对语法点做出最适合让学生理解的解释。

第二节　课堂教学

　　教师角色在教学中非常重要。泰国学生学习汉语时，书中没有说明的语法点基本上都是按照教师的语法规则来学汉语的，由此学生能否正确掌握其用法在很大程度上取决于老师是否加以补充或强调。并且，由于缺乏使用汉语的语言环境，老师怎么教，学生就怎么学，有时也会依赖已经学过的语法知识来掌握新的语法知识，因此由浅入深、循序渐进的安排就显得十分重要。因此，教师应该重视学生易出现的偏误，并分析、整理、思考如下问题：在你所教的班级中，汉语"都"的偏误与其他偏误相比，所占的比例如何？主要有哪几种类型？受到哪些因素的制约？教师应该对这方面给予重视，并且从中找出规律和特点。

　　教师在讲解"都"的用法时，要善于针对泰国学生出现的偏误进行分析、说明，也可以把偏误分析和讲解结合起来，从而使学生加深这方面的理解。还可以通过课文或练习，有针对性地进行讲解。讲解到一定的阶段后要进行必要的归纳总结，让学生把已学过的语法点连贯起来进行系统性的记忆，这样可以使学生掌握得更牢固。

　　根据笔者对泰国学生学习汉语"都"的考察，发现泰国学生学习汉语"都"的偏误有其共性，而且学生的难易顺序与教学顺序不完全相同。对学生来说，每个汉语语法点的难易程度当然是不一样的，所以学生在学习的过程中，应该是有一个难易顺序的。当学生自己的难易顺序与老师教学的难易顺序一致时，学生就会容易理解、好掌握，同时这样也会促进教学；但如果教师在不做调查研究或者不注意利用汉语"都"偏误分析的成果的情况下，完全按照教科书的顺序来教学生，有可能出现先难后易的现象，等于让学生一开始就啃一块硬骨头，对学生来说当然就会出现掌握得不好的情况，而且会给学生的继续学习带来负面影响。教师应该根据汉语"都"偏误分析的成果，进一步认识泰国学生习得"都"的情况。比如学生对哪些句式的学习有困难、有误解，对哪些句式掌握得好，这样教师授课时，就可以明确学生的学习难点，把学生容易理解、容易掌握的句式安排在前面讲，力求符合泰国学生的习得顺序，使学生的学习更有效果，教学更有效率。

陆俭明、郭锐（1998）[1]指出："对汉族学生来说，老师讲的语法规则听了就听了，至于对不对，全面不全面，不怎么考虑，更不会按老师讲的语法规则去说话。外国或外族学生对汉语原先是一无所知，老师怎么教，他们就怎么学，就这么说，而且本能地要按照老师讲的语法规则去类推。可是一类推就出错。"众所周知，教师在教学中的作用是十分重要的，教师的授课直接影响到学生习得效果。[2]所以，在对外汉语教学中，教师可以使用适当的教学策略，这样可以提高教学的效率并促进学生对新知识的理解。

在泰国学生的偏误中，有一个重要的方面是如何有效地帮助学生摆脱泰语负迁移的影响。从上述分析可以看出，泰国学生的偏误大都是由于跟母语做了不恰当的对译而产生的，因此教师在给泰国学生介绍"都"的特点及用法时，要注意学生母语对汉语学习产生的负迁移，最好能对照汉语和泰语的不同来进行讲解，同时在教学中教师应该重视语义教学，让学生知道汉语"都"的使用规则及语义表达的特点，区分各类句式的语义特征及语义指向等。

另外，授课时，教师无须进行详尽的语言分析，而应有效地帮助学生掌握必要的语言规则，并运用这些规则去指导语言实践。比如，句子里有"每""所有""一切""全部"等类同词语时，谓语中要用"都"与之呼应，这一点跟泰语不同，泰语中不需要用"都"。

目前对泰汉语教材对"都"的处理比较简单，因此，教师应该始终发挥

---

❶ 陆俭明，郭锐.汉语语法研究所面临的挑战［J］.世界汉语教学，1998（4）.

❷ 杨金华.外国人汉语语法习得难点研究［M］.上海：上海大学出版社，2012：40.

主观能动性，针对教材的不足补充讲解。给泰国学生授课时应该注意以下几点：（1）要讲清"都"的使用条件，特别是什么时候必须用"都"或可用与不可用的区别。比如"每"与"都"同现或不同现的使用区别，并结合泰国学生的偏误反复强调练习，为了让学生更容易掌握在什么情况下用"都"，教师在给泰国学生授课时，可以设计一些具体的生活场景，让学生在特定的语境中理解和练习使用"都"。（2）教师在讲解"都"时，不能轻易地把"都"和"T^háŋ mòt"等词对等看待，因为它们在语法和语义上是存在一定的差别的。教师还可以通过汉泰的对比，从中找出泰国学生的学习难点。如在泰语中一定不能使用"都"但在汉语中一定要使用"都"的情况，在这种情况下，泰国学生往往会出现"都"的遗漏偏误。另外，"都""就""也"在泰语中都可以译成"kɔ́ː"，这种情况下泰国学生往往会出现"都"的误代偏误。这些都是母语的负迁移造成的负面影响，教师应该帮助学生排除泰语的干扰，提高教学效率。（3）教师应该加强固定句式的教学，巩固"都"的知识。泰国学生在习得"都"过程中，总是把泰语的句式套用在汉语上，因此，在学习了"都"的一些句式后，教师应该通过做练习帮助学生记忆，进行巩固。（4）进行强化练习。卢福波（1996）❶指出："语法点教学的主要模式是模仿套用某种句式或格式，通过反复训练给予强化，以达到完全掌握和熟练套用的目的。由于对外汉语的教学对象主要是外国人并主要是成年人，他们有很强的逻辑思维能力，学习的最大特点是善于对比和类推。"因此，泰国学生在学习了与"都"相关的某个句式之后，应该进行大量的有针对性的练习，重点放在泰国学生习得"都"的偏误上，同时也应该把学生容易出现偏误的地方告诉他们，让学生多注意这些偏误现象。教师还要及时结合学生练习中的偏误，进行补充讲解，这样学生的偏误率会大大降低。（5）教师应该鼓励学生多说汉语，不要怕出错。比如有些泰国学生对"都"的某些句式的用法没有太大的把握，由于担心出错就不敢使用这些句式，因此采取回避策略，比如"都……了"等句式。教师应该告诉学生这种句式表达具有什么样的语用

---

❶ 卢福波．对外汉语教学实用语法［M］．北京：北京语言文化大学出版社，1996：33.

价值，为什么要用"都"，用或者不用时有什么区别，在什么样的情况下应该用这种句式。

第三节　学习策略

通过前文对相关内容的分析以及结合泰国学生学习汉语"都"的现状，可以将对泰国学生学习方面所提出的建议和策略分为以下四个方面：

首先，学生本身的学习态度方面。对泰国学生来说，学习态度的重要性是毋庸置疑的。如果想要学好汉语，学生应该端正自己的学习态度，以积极向上的心态来接受新的知识。比如，学生可以自己总结"都"的语义特点、用法和使用条件等，并根据自己经常出现的偏误来从中找出自己出现偏误的原因，从而归纳出一些能够帮助自己学习的结论。与此同时学生还需要结合重复性的练习来进行巩固、强化。另外，学生自己也可以充分利用自己的母语，通过汉、泰之间对比来学习"都"，找出汉、泰语在这方面的共性和特性，这样不仅可以减少母语负迁移对学习所造成的影响，还可以使他们在这个对比的过程中对"都"有一个更深入的理解。

其次，学生的心理方面。通过前文的研究，可以发现泰国学生对"都"的好几种句式几乎都没有使用过，由于学生对这些没有把握的句式选择回避，会用自己比较有把握的或比较熟悉的句式取而代之，这是一种由于缺乏自信而造成的不敢去尝试的现象。所以，教师应该帮助学生建立对自己的信心或者鼓励自己的勇气，从而勇敢地练习并使用新学到的句式。

再次，学生的学习方法方面。在这个信息化多媒体化的时代中，学生可以通过有选择性地学习网络课程来弥补课堂上对"都"讲解的不足，这样可以使学生更全面地学习到"都"的用法。此外，学生还可以通过增加课外聊天的方式对已学到的句式进行实践练习，这种课外实践可以大大提高学生对相关知识的记忆效率。

　　最后，教材方面。通过以上对汉泰教材的考察，可以发现泰国汉语教材中"都"的练习题的数量明显不足，很多泰国汉语教材在练习部分都没有出现专门针对"都"的练习。通过在一定程度上增加教材中的练习，特别是关于目前的教材中很少出现的句式的练习，学生可以更有效地把握与"都"相关的知识，从而提高学习效率。

第四节　小　　结

　　教师和教材是教学过程的两大要素，直接关涉学生的学习效果，因此需要对其重视。在教学中，教师应该通过汉、泰两种语言的对比研究，挖掘出两种语言的共性与个性。在明白这两种语言各自的特点之后，还需要认识到这种研究的价值，需要尽力将其成果应用在实际教学中，从而改善教学质量。教师在教学的同时，还应对泰国学生习得"都"的难点及可能出现的负迁移进行预测，做到胸有成竹，并在教学中有意识地对学生进行引导。在教材和工具书方面，其编写要经过严格的审查，尽量做到各个教材或者工具书之间各有特点，并可以在彼此的优、缺点上进行互补。而且，教材和工具书的编写既要吸收相关研究成果，又要利于学生的理解和查阅，这样才能更好地提高学生的学习效率。

第七章　结　　语

　　本书从汉语"都"与泰语相关用法的对比研究入手，进行客观的描述，揭示了汉、泰语的共性与差异。最后从偏误分析的角度，结合语料库和问卷调查的方法，探讨泰国学生习得"都"的实际问题，剖析泰国学生产生偏误的原因和解释。本书的研究结论主要包括以下几个方面。

　　（1）泰语中"都"的对应问题。在这方面主要得出以下结论：

　　第一，汉语"都"和泰语中的词不存在一一对应的关系，而是一对多的关系，并且"都"的每一种用法在泰语中都存在一个或多个对应的用法。因此，泰语中表示"总括"的用法也更灵活多变，要根据具体的语言环境而定。

　　第二，虽然汉语和泰语在数量表达上比较相似，但是"都"与泰语中对应的词对句中的数量要求并不相同。比如汉语"都"可以与表示"大多数"的词语连用，而泰语中相对应的"tʰák"与表示"多数"和"少数"的词语都不能连用。

　　第三，在否定句中，汉语中的否定词"不"或"没"出现在"都"的前面或者后面时所表示的否定范围不同，而泰语中需要用不同的词来表达全部否定和部分否定。

　　第四，在有些包含复数的句子中，汉语、泰语的对译会产生歧义现象。比如，第三章例（120）在泰语中是没有歧义的，但在汉语中由于对"都"的不同理解会产生两种对句子的不同解释；而在例（186）中，汉语本身就具有歧义，泰语中则通过使用和不使用"kan"来区分这两种意思。

第五，与"都"相关的用法中，汉语中有的可以进行适当的省略，对应的泰语表达却不一定。比如在带有"连……都"的用法中，如果将"连"字进行省略，句子的语义不会产生太大的变化，而泰语中对应的"mé: tɛ̀:… kɔ̂:…"用法中与"连"对应的"mé: tɛ̀:"不可以省略，否则句子的意思就会产生变化。

第六，有些与"都"相关的搭配用法在泰语中可以通过其他手段来表达。比如"都……了"的语义在泰语中可以通过在句尾添加"náʔ"或者是重读句中的某些词语来表达。

（2）习得中的偏误问题。泰国学生在学习和使用"都"的过程中，产生了很多种类型的偏误，可以将其归纳为四大类，分别是：遗漏、误代、误加、错序。在泰国学生习得"都"的偏误类型中，遗漏偏误和误代偏误是其中出错率相对比较高的两个类型。泰国学生出现遗漏偏误，主要是受到母语句式的影响。有的泰国学生只凭汉、泰两种语言表面的相同，就把它们简单地对等起来，所以他们经常套用母语的使用方式，结果就造出了偏误句。

另外，造成偏误的原因也可能是因为泰国学生没有把标志性的词与"都"建立起联系，所以经常出现遗漏偏误。泰国学生的遗漏偏误经常发生在表示总括的"都1"上。如"每……都……""所有……都……""无论……都……"等。因此，教师在给泰国学生授课时，必须要强调这一点。教师可按由常用到非常用的顺序，讲清"都"的语义特征。特别是要让学生知道在什么样的情况下，"都"是不可缺少的。教师也可以从学生以往的作文中找出有代表性的遗漏偏误，让学生自己纠正。在纠正过程中教师应该适当给予指导，同时要求学生注意观察，总结"都"的使用条件及使用方法。教师应告诉学生，汉语"都"在泰语中的对应形式，有多少与泰语相对应，有多少不能对应。通过考察笔者发现，不对应的形式是泰国学生容易出现偏误的地方，特别是在泰语中不要求一个类似"都"与之呼应，但汉语里必须用"都"与之呼应，这方面泰国学生最容易出现遗漏偏误。教师还可以在课堂上设计一个语用场景，也可以让学生自己创造语境。

并且，泰国学生学习"都"某个句式之后应该进行有针对性的大量的练习，这些练习有助于学生尽快熟悉和更容易掌握"都"的用法。汉语"都"在泰语中有很多种对应的翻译，就是一对多的对应关系。泰国学生由于受到母语的影响，理解"都"存在一定的困难，经常出现误代偏误。比如，"都"和"就"的误代、"都"和"也"的误代等。很多老师在讲解"都"时，为了方便往往采用直译的方式，如"都"除了能翻译成"Tʰáŋ mòt"，还可以翻译成"kɔ̂ː"。这样的教法给泰国学生带来了困难，由于泰语的"kɔ̂ː"，同时具有汉语的"都""就""也"的意思，因此泰国学生不好区分它们的异同，随意套用泰语的格式造成误代偏误。泰国学生的误加偏误的主要原因是学生以为在句子中出现复数概念，所以应该使用"都"，因此导致偏误。在教学中应该让学生明确"都"的语义条件，特别是关于"都"语义指向对象的复数性条件。教师也应该重视"都"的位置问题，虽然在语料库中很少出现错序偏误，但通过考察，笔者发现"都"的位置，对泰国学生来说有一定的难度，特别是在"都 + 疑问代词……"中。

笔者认为泰国学生在习得"都"的过程中，产生偏误的主要原因有两个方面：内部原因和外部原因。内部原因包括受到泰语的干扰，目的语的知识过度泛化。外部原因包括教材与大纲对"都"的介绍不够全面，教学误导等。这些偏误现象应在对泰汉语教学中受到重视，学生的偏误及偏误原因的探讨有益于促进泰国汉语教学。

（3）在教学方面也提出了一些改进的建议。在通过对教学大纲的考察以及中、泰汉语教材的对比，本书从教材和工具书内容、课堂教学方式两个方面提出了改进的对策。针对留学生的教学课堂和普通的中国国内教学课堂是有很大的区别的，因此关于这方面的教学应该进行有针对性的研究。比如，具体到不同的课程内容应该找到对应的更合适的教学技巧和方法，针对不同群体的留学生应该根据他们本身的特点采取不同的教学策略等。目前对泰汉语教材有待进一步完善，比如生词表中应该进一步完善"都"的注释，注明"都"可以与泰语的哪些词语对应，以及对应的具体条件是什么。

　　本研究旨在解决泰国学生关于习得"都"的相关问题，由于关于这方面的研究目前还比较少，本书的研究范围也非常有限，所以关于本课题的研究还有能够展开的空间。比如，如果情况允许的话，可以通过访谈的形式对对泰汉语教学课堂上的教师以及学生进行采访，收集他们的亲身经历以及感受并做出归纳，这样会使对课堂改进的建议更加具体和具有针对性，也更加有效。

参考文献

中文文献

［1］北京大学中文系 1955、1957 级语言班 . 现代汉语虚词例释［M］. 北京：商务印书馆，1982.

［2］北京语言大学汉语水平考试中心 .HSK 中国汉语水平考试词汇大纲汉语 8000 词词典［M］. 北京：北京语言大学出版社，2011.

［3］岑容林，邢慧如 . 泰语（第三册）［M］. 北京：外语教学与研究出版社，1993.

［4］岑玉珍 . 发展汉语·高级综合 I［M］. 2 版 . 北京：北京语言大学出版社，2011.

［5］陈绂，朱志平 . 跟我学汉语［M］. 北京：人民教育出版社，2009.

［6］成燕燕，等 . 哈萨克族汉语补语习得研究［M］. 北京：民族出版社，2003.

［7］崔希亮 . 欧美学生汉语介词习得的特点及偏误分析［J］. 世界汉语教学，2005（3）.

［8］戴悉心 ."都"与汉语相关量化问题研究［D］. 北京：北京语言大学，2010.

［9］丁声树，等 . 现代汉语语法讲话［M］. 北京：商务印书馆，1961.

［10］董为光 . 副词"都"的"逐一看待"特性［J］. 语言研究，2003（1）.

［11］董秀芳."都"的指向目标及相关问题［J］.中国语文，2002（6）.

［12］董秀芳."都"与其他成分的语序及相关问题［J］.世界汉语教学，2003（1）.

［13］方方.行云流水［M］.武汉：长江文艺出版社，2001.

［14］傅增有.泰语300句［M］.上海：上海外语教育出版社，2004.

［15］高名凯.汉语语法论［M］.北京：商务印书馆，1948.

［16］高明乐.试谈汉语"都"的定义问题［J］.语言教学与研究，2002（3）.

［17］高顺全.多义副词的语法化顺序和习得顺序研究［M］.上海：复旦大学出版社，2012.

［18］高增霞，游舒.发展汉语·高级综合Ⅱ［M］.2版.北京：北京语言大学出版社，2012.

［19］广州外国语学院编.泰汉词典［M］.北京：商务印书馆，2011.

［20］郭春贵.时间副词"已经"和"都"的异同［J］.世界汉语教学，1997（2）.

［21］郭振华.对外汉语教学中的几个问题［J］.语言文字应用，1998（4）.

［22］郭振华.简明汉语语法［M］.北京：华语教学出版社，2000.

［23］国家对外汉语教学领导小组办公室.高等学校外国留学生汉语教学大纲：长期进修［S］.北京：北京语言大学出版社，2007.

［24］国家对外汉语教学领导小组办公室.高等学校外国留学生汉语言专业教学大纲［S］.北京：北京语言大学出版社，2007.

［25］国家对外汉语教学领导小组办公室汉语水平考试部.汉语水平等级标准与语法等级大纲［S］.北京：高等教育出版社，1996.

［26］国家汉办/孔子学院总部.国际汉语教学通用课程大纲［S］.北京：外语教学与研究出版社，2010.

［27］何新波.现代汉语虚词［M］.深圳：海天出版社，2005.

［28］何元建.现代汉语生成语法［M］.北京：北京大学出版社，2011.

［29］赫琳.现代汉语副词语义指向及其计算机识别研究［M］.北京：中国社会科学出版社，2009.

［30］ 洪波."连"字句续貂［J］.语言教学与研究.2001（2）.

［31］ 侯学超.现代汉语虚词词典［M］.北京：北京大学出版社，1998.

［32］ 胡清国.外国人学汉语语法［M］.上海：上海教育出版社，2009.

［33］ 胡永梅.泰国学生汉语习得偏误现象解析［D］.济南：山东大学，2008.

［34］ 黄锦章，刘焱.对外汉语教学中的理论和方法［M］.北京：北京语言大学出版社，2004.

［35］ 黄进炎，林秀梅.实用泰语教程［M］.广州：广东世界图书出版公司，2003.

［36］ 黄瓒辉.量化副词"都"与句子的焦点结构［D］.北京：北京大学，2004.

［37］ 姜丽萍.图解基础汉语语法［M］.北京：高等教育出版社，2010.

［38］ 蒋严.语用推理与"都"的句法／语义特征［J］.现代外语，1998（1）.

［39］ 解燕勤.留学生学习汉语副词"都"的偏误分析及思考［J］.昆明师范高等专科学校学报，2005（1）.

［40］ 康玉华，来思平.汉语会话301句［M］.北京：北京语言大学出版社，2003.

［41］ 兰宾汉.副词"都"的语义及其对后面动词的限制作用［J］.语言教学与研究，1988（2）.

［42］ 老舍.月牙儿［M］.南京：江苏文艺出版社，2006.

［43］ 老舍.骆驼祥子［M］.海口：南海出版公司，2010.

［44］ 黎锦熙.新著国语文法［M］.北京：商务印书馆，1954.

［45］ 李宝伦，张蕾，潘海华.汉语全称量化副词／分配算子的共现和语义分工——以"都"、"各"、"全"的共现为例［J］.汉语学报，2009（3）.

［46］ 李碧.实用泰语阅读教程［M］.重庆：重庆大学出版社，2010.

［47］ 李大忠.偏误成因的思维心理分析［J］.语言教学与研究，1999（2）.

［48］ 李德津，程美珍.外国人实用汉语语法［M］.北京：华语教学出版社，1988.

［49］李国炎，吴崇康，郑宣沐.学生现代汉语词典［M］.长沙：湖南人民
出版社，2002.

［50］李行健.现代汉语规范词典［M］.北京：外语教学与研究出版社，
2010.

［51］李军."都"的句法语义研究综述［J］.学习月刊，2010（8）.

［52］李禄兴，张玲，张娟.汉语语法百项讲练［M］.北京：北京语言大学
出版社，2011.

［53］李苗幽.基于学习策略的汉语作为第二语言语法偏误研究［D］.福州：
福建师范大学，2011.

［54］李婷媛.泰国宋卡王子大学学生汉语学习偏误分析调查与研究［D］.昆
明：云南大学，2010.

［55］李晓琪.博雅汉语·初级起步篇Ⅰ［M］.北京：北京大学出版社，
2004.

［56］李晓琪.博雅汉语·初级起步篇Ⅱ［M］.北京：北京大学出版社，2004.

［57］李晓琪.现代汉语虚词讲义［M］.北京：北京大学出版社，2005.

［58］李晓琪.博雅汉语·高级飞翔篇Ⅰ［M］.北京：北京大学出版社，2006.

［59］李晓琪.博雅汉语·高级飞翔篇Ⅱ［M］.北京：北京大学出版社，2006.

［60］李晓琪.博雅汉语·中级冲刺篇Ⅰ［M］.北京：北京大学出版社，2006.

［61］李晓琪.博雅汉语·中级冲刺篇Ⅱ［M］.北京：北京大学出版社，
2006.

［62］李文浩.汉语"动～叠＋补"结构研究［D］.上海：上海师范大学，
2008.

［63］李文山.也论"都"的语义复杂性及其统一刻画［J］.世界汉语教学，
2013.

［64］李燕辉."连……都／也……"及其习得研究［D］.北京：北京大学，
2012.

［65］林梓新.现代汉语副词与泰语副词比较研究［D］.昆明：云南师范大学，
2007.

[66]　刘承峰.现代汉语"语用数"范畴研究［D］.上海：复旦大学，2007.

[67]　刘丹青.语法调查研究手册［M］.上海：上海教育出版社，2008.

[68]　刘松江.反问句的交际作用［J］.语言教学与研究，1993.

[69]　刘珣.对外汉语教育学引论［M］.北京：北京语言大学出版社，2007.

[70]　刘琰.浅析"ALL"与"都"［J］.北方文学，2012（3）.

[71]　刘月华.实用现代汉语语法［M］.北京：商务印书馆，2001.

[72]　刘振平，刘倩."都"的句法和语义特征［J］.沈阳师范大学学报，
2006（2）.

[73]　卢福波.对外汉语教学实用语法［M］.北京：北京语言大学出版社，
1996.

[74]　卢福波.对外汉语常用词语对比例释［M］.北京：北京语言大学出版
社，2009.

[75]　卢居正，邱苏伦.泰语·第一册［M］.北京：外语教学与研究出版社，
1992.

[76]　鲁健骥.外国人学汉语的语法偏误分析［J］.语言教学与研究，1994（1）.

[77]　陆庆和，黄兴.汉语水平步步高：副词［M］.苏州：苏州大学出版社，
2009.

[78]　陆生.大学泰语综合教程2［M］.重庆：重庆大学出版社，2012.

[79]　鲁迅.鲁迅小说全集［M］.北京：北京燕山出版社，2009.

[80]　陆俭明，郭锐.汉语语法研究所面临的挑战［J］.世界汉语教学，
1998（4）.

[81]　陆俭明.关于开展对外汉语教学基础研究之管见［J］.语言文字应用，
1999（4）.

[82]　陆俭明，马真.现代汉语虚词散论［M］.北京：语文出版社，1999.

[83]　陆俭明，沈阳.汉语和汉语研究十五讲［M］.北京：北京大学出版社，
2004.

[84]　罗伶俐.浅析副词"都"在句中的语义功能［J］.广州广播电视大学
学报，2004（4）.

［85］ 罗奕原.基础泰语2［M］.广州:广东世界图书出版公司,2008.

［86］ 吕叔湘.现代汉语八百词［M］.北京:商务印书馆,1980.

［87］ 吕叔湘.中国文法要略［M］.北京:商务印书馆,1993.

［88］ 马真.关于"都/全"所总括的对象的位置［J］.汉语学习,1983(1).

［89］ 孟凡铃.副词"才"、"就"、"都"的主观量研究［D］.大连:辽宁师范大学,2008.

［90］ 孟国.对外汉语十个语法难点的偏误研究［M］.北京:北京大学出版社,2011.

［91］ 孟艳华,王健.范围副词"都"的位置考察［J］.语文学刊,2004(6).

［92］ 苗东霞.HSK考前强化语法［M］.北京:北京语言大学出版社,2010.

［93］ 潘德鼎.泰语教程·第一册［M］.北京:北京大学出版社,2004.

［94］ 潘德鼎.泰语教程·第二册［M］.北京:北京大学出版社,2005.

［95］ 潘德鼎.泰语教程·第三册［M］.北京:北京大学出版社,2005.

［96］ 潘德鼎.泰语教程·第四册［M］.北京:北京大学出版社,2005.

［97］ 潘海华.焦点、三分结构与汉语"都"的语义解释［M］//语法研究和探索(十三).北京:商务印书馆,2006.

［98］ 潘文国.汉英语对比纲要［M］.北京:北京语言大学出版社,1997.

［99］ 潘远洋.实用泰汉翻译教程［M］.广州:广东世界图书出版公司,2011.

［100］ 裴晓睿.泰语语法新编［M］.北京:北京大学出版社,2001.

［101］ 裴晓睿.新汉泰词典［M］.南宁:广西教育出版社,2011.

［102］ 彭小川.现代汉语虚词探索与研究［M］.广州:暨南大学出版社,2007.

［103］ 齐沪扬.现代汉语虚词研究与对外汉语教学(第三辑)［M］.上海:复旦大学出版社,2010.

［104］ 齐沪扬.现代汉语语气成分用法词典［M］.北京:商务印书馆,2011.

［105］齐悦.汉语作为对泰二语教学中的条件关联词偏误及对策研究［D］.桂林:广西师范大学,2012.

［106］邱苏伦.泰语会话［M］.北京:外语教学与研究出版社,2002.

［107］邱苏伦,卢居正.泰语（第四册）［M］.北京:外语教学与研究出版社,1995.

［108］荣继华.发展汉语·初级综合Ⅰ［M］.2版.北京:北京语言大学出版社,2011.

［109］商务印书馆辞书研究中心.新华词典［M］.北京:商务印书馆,2001.

［110］施光亨,王绍新.汉语教与学词典［M］.北京:商务印书馆,2011.

［111］孙旭虹.韩国留学生现代汉语副词"都"的习得情况研究［D］.广州:广州大学,2010.

［112］王还."All"与"都"［J］.语言教学与研究,1983（4）.

［113］王还.门外偶得集［M］.北京:北京语言学院出版社,1994.

［114］王还.再谈谈"都"［J］.世界汉语教学,1988（2）.

［115］王还.对外汉语教学语法大纲［M］.北京:北京语言学院出版社,1995.

［116］王红.副词"都"的语法意义试析［J］.汉语学习,1999（6）.

［117］王红.对副词"都"的句法、语义、语用分析［D］.广州:暨南大学,2000.

［118］王建勤.第二语言习得研究［M］.北京:商务印书馆,2009.

［119］王力.中国现代语法［M］.北京:商务印书馆,1985.

［120］王丽香.现代汉语"全都"类总括副词研究［D］.杭州:浙江大学,2013.

［121］吴闲荣.关于汉语副词"都"的研究［D］.上海:复旦大学,2011.

［122］武惠华.发展汉语·中级综合Ⅱ［M］.2版.北京:北京语言大学出版社,2012.

［123］ 项晓霞.副词"都"的语义指向及相关句法语义问题［J］.中共南京市委党校南京市行政学院学报，2003（6）.

［124］ 肖奚强.略论偏误分析的基本原则［J］.语言文字应用，2001（1）.

［125］ 肖奚强.外国学生"除了"句式使用情况的考察［J］.语言教学与研究，2005（2）.

［126］ 肖奚强.汉语中介语语法问题研究［M］.北京：商务印书馆，2008.

［127］ 肖奚强.外国学生汉语句式学习难度及分级排序研究［M］.北京：高等教育出版社，2009.

［128］ 邢慧如,岑容林.泰语（第二册）［M］.北京：外语教学与研究出版社，1992.

［129］ 徐桂梅.发展汉语·初级综合Ⅱ［M］.2版.北京：北京语言大学出版社，2012.

［130］ 徐桂梅，崔娜，牟云峰.发展汉语·中级综合Ⅰ［M］.2版.北京：北京语言大学出版社，2012.

［131］ 徐杰."都"类副词的总括对象及其隐现、位序［J］.汉语学习，1985（1）.

［132］ 徐颂列.表总括的"都"的语义分析［J］.语言教学与研究，1993（4）.

［133］ 徐霄鹰，周小兵.泰国人学汉语Ⅰ［M］.北京：北京大学出版社，2006.

［134］ 徐霄鹰，周小兵.泰国人学汉语Ⅱ［M］.北京：北京大学出版社，2006.

［135］ 徐霄鹰，周小兵.泰国人学汉语Ⅲ［M］.北京：北京大学出版社，2006.

［136］ 徐以中，杨亦鸣.副词"都"的主观性、客观性及语用歧义［J］.语言研究，2005（3）.

［137］ 许瑞祥.汉语的"都"和维语的"hemma"［J］.中央民族学院学报，1987（1）.

［138］ 许余龙.对比语言学［M］.上海：上海外语教育出版社，2002.

［139］雅洪托夫.汉语的动词范畴［M］.北京：商务印书馆，1959.

［140］杨德峰.面向对外汉语教学的副词定量研究［M］.北京：北京大学出版社，2008.

［141］杨合鸣.实用现代汉语词典［M］.兰州：甘肃教育出版社，2011.

［142］杨寄洲.汉语教程（第三册下）（修订版）［M］.北京：北京语言大学出版社，2010.

［143］杨寄洲.汉语教程（第三册上）（修订版）［M］.北京：北京语言大学出版社，2011.

［144］杨寄洲.汉语教程（第一册下）（修订版）［M］.北京：北京语言大学出版社，2011.

［145］杨寄洲.汉语教程（第二册上）（修订版）［M］.北京：北京语言大学出版社，2012.

［146］杨寄洲.汉语教程（第二册下）（修订版）［M］.北京：北京语言大学出版社，2012.

［147］杨寄洲.汉语教程（第一册上）（修订版）［M］.北京：北京语言大学出版社，2012.

［148］杨金华.外国人汉语语法习得难点研究［M］.上海：上海大学出版社，2012.

［149］杨晓明、韩闽红.关于汉语"连…也／都…"句式的思考［J］.北京邮电大学学报（社会科学版），2007（4）.

［150］杨阳，袁伟.越南留学生习得"都"的偏误分析［J］.现代语文，2010（4）.

［151］姚金玲.探析泰国学生汉语写作中的母语迁移现象［D］.南宁：广西民族大学，2008.

［152］姚晓波.中介语与对外汉语教学［M］.上海：学林出版社，2009.

［153］袁毓林."都"的加合性语义功能及其分配性效应［J］.当代语言学，2005（4）.

[154] 袁毓林.汉语句子的焦点结构和语义解释［M］.北京：商务印书馆，2012.

[155] 詹卫东.范围副词"都"的语义指向分析［J］.汉语学报，2004（1）.

[156] 张斌.现代汉语虚词词典［M］.北京：商务印书馆，2001.

[157] 张蕾，李宝伦，潘海华."都"的语义要求和特征——从它的右向关联谈起［J］.语言研究，2012（2）.

[158] 张莉莉.谈"都……了"句式的认知特点［J］.南京师大学报，2001（6）.

[159] 张亚军."连"字结构的历时发展与"都"的功能演变［M］// 齐沪扬主编.现代汉语虚词研究与对外汉语教学.复旦大学出版社，2005.

[160] 张谊生.范围副词"都"的选择限制［J］.中国语文，2003（5）.

[161] 张谊生.现代汉语副词探索［M］.上海：学林出版社，2004.

[162] 赵金铭.外国人语法偏误句子的等级序列［J］.语言教学与研究，2002（2）.

[163] 赵金铭.从类型学视野看汉语差比句偏误［J］.世界汉语教学，2006（4）.

[164] 赵金铭.基于中介语语料库的汉语句法研究［M］.北京：北京大学出版社，2008.

[165] 赵金铭.国际汉语教育论文集［C］.北京：北京语言大学出版社，2012.

[166] 赵永新.谈汉语的"都"和英语的"all"［J］.语言教学与研究，1980（1）.

[167] 中国社会科学院语言研究所词典编辑室编.现代汉语词典［M］.5版.北京：商务印书馆，2011.

[168] 周小兵.对外汉语教学导论［M］.北京：商务印书馆，2009.

[169] 周小兵.外国人学汉语语法偏误研究［M］.北京：北京大学出版社，2012.

[170] 周小兵，王宇.与范围副词"都"有关的偏误分析［J］.汉语学习，2007（1）.

［171］周小兵，朱其智.对外汉语教学习得研究［M］.北京：北京大学出版社，2006.

［172］周颖.副词"都"的语义指向和歧义［J］.现代语文，2008（3）.

［173］朱德熙.语法讲义［M］.北京：商务印书馆，1982.

［174］朱华.泰国学生关联词习得偏误分析及教学刍议［D］.广州：暨南大学，2011.

［175］朱景松.现代汉语虚词词典［M］.北京：语文出版社，2007.

［176］朱其智，周小兵.语法偏误类别的考察［J］.语言文字应用，2007（1）.

［177］朱晓星.简明汉语语法学习手册［M］.北京：北京大学出版社，2002.

［178］朱志平.汉语第二语言教学理论概要［M］.北京：北京语言大学出版社，2008.

外文文献

［179］Higbie, Jame & Thinson, Snea. Thai Reference Grammar – The Structure of Spoken Thai［M］. Bangkok : Orchid Press，2003.

［180］Huang, Shi-Zhe. Quantification and Predication in Mandarin Chinese : A Case Study of Dou［D］. Phd. dissertation, University of Pennsylvania, 1996.

［181］Iwasaki, Shoichi & Ingkaphirom, Preeya. A Reference Grammar of Thai. Cambridge［M］. Cambridge University Press，2005.

［182］James, Helen. Thai Reference Grammar［M］. Bangkok : Duang Kamol. Co., Ltd., 2001.

［183］Landman, F. The Handbook of Contemporary Semantic Theory［M］. Oxford : Blackwell, 1989.

［184］Link, G. The Logical analysis of Plurals and Mass terms : A Lattice-theoretical Approach' in Paul P. and B.H. Partee（eds.），Formal Semantics : the essential readings［M］. Oxford : Blackwell, 1983.

［185］Sussadee Maneekanjanasing（2000）朱拉隆功大学文学院汉语专业三、

四年级学生发生汉语语法的错误，朱拉隆功大学硕士学位论文。

[186] Phensuda Chaowanit（2002）2000 和 2001 年朱拉隆功大学文学院汉语专业学生出现汉语语法的错误，朱拉隆功大学硕士学位论文。

[187] กำชัย ทองหล่อ.（甘差铜罗）2004．หลักภาษาไทย《泰语语法》กรุงเทพมหานคร：บำรุงสาส์น.

[188] ราชบัณฑิตยสถาน.พจนานุกรม ฉบับราชบัณฑิตยสถาน พ.ศ.2542《泰语词典》กรุงเทพฯ：นานมีบุคส์พับลิเคชั่นส์.2003.

[189] เธียรชัย เอี่ยมวรเมธ.（杨汉川）1996. พจนานุกรมจีน-ไทย.《汉泰词典》กรุงเทพมหานคร：อักษรพิทยา.

[190] นววรรณ พันธุเมธา.（娜瓦婉·潘图梅塔）2006. ไวยากรณ์ไทย《泰语语法》.กรุงเทพมหานคร：รุ่งเรืองสาส์นการพิมพ์.

[191] ประพิณ มโนมัยวิบูลย์. 1998. ไวยากรณ์จีนกลาง《汉语语法》.กรุงเทพมหานคร：โรงพิมพ์จุฬาลงกรณ์มหาวิทยาลัย.

[192] ประพิณ มโนมัยวิบูลย์.2006．ภาษาจีนกลางขั้นพื้นฐาน 1（基础汉语一）.กรุงเทพมหานคร：โรงพิมพ์จุฬาลงกรณ์ มหาวิทยาลัย.

[193] วิจินตน์ ภาณุพงศ์.（维金·帕努蓬）1987．โครงสร้างของภาษาไทย《泰语结构：语法体系》．กรุงเทพมหานคร：มหาวิทยาลัยรามคำแหง.สำนักพิมพ์ไทยวัฒนาพานิช.

[194] เสาวภาคย์ วรลัคนากุล. 2003. ภาษาจีนพื้นฐาน 1（泰国蓝康恒大学中文课本）.กรุงเทพฯ：มหาวิทยาลัย รามคำแหง.

[195] อุปกิตศิลปสาร，พระยา.（乌巴吉辛拉巴讪）1988.หลักภาษาไทย《泰语法则》.อักขรวิธี วจีวิภาค วากยสัมพันธ์ ฉันทลักษณ์. กรุงเทพมหานคร.

附　　录

附录 1

性别：□ 男	□ 女		

性别：□ 男　　　　　□ 女
年龄：□ 20 岁以下　　□ 20~29 岁　　□ 30~39 岁　　□ 40 岁以上
在中国学习汉语的时间_____ 在泰国学习汉语的时间_____ HSK 水平_____
学习汉语的目的：□ 汉语是我的专业　　　　□ 找工作的需要
　　　　　　　　□ 做汉语教师或研究汉语　□ 喜欢汉语　　□ 其他

一、判断（正确的请画 ✓，错误的请画 ×）

1.我每个月去中国。（　　）

2.每个人买了一本英语书。（　　）

3.这所学校里的教室个个很干净。（　　）

4.这附近的饭店家家我去过。（　　）

5.所有的英语书她看得懂，可见她的英语水平很高。（　　）

6.所有的学生说这次考试很难。（　　）

7.无论天气怎么样，他骑自行车上班。（　　）

8.不管妈妈几点回家，我会等她的。（　　）

9.我刚刚来到泰国，人生地不熟，谁不认识。（　　）

10.他回家后，什么没说，放下行李就去睡觉了。（　　）

11.他连早饭没吃，就上学去了。（　　）

12.她连看电视的时间没有，哪有时间出去玩儿啊？（　　）

13.他是你弟弟吗？这么多年不见了，现在一点儿认不出来。（　　）

14.这次考试中，李明一道题没写错。（　　）

15.我们学校都有五千个学生。（　　）

二、把"都"放在正确的位置上

1. A他们B全家人C去上海了D。

2. A今年春节B谁C想回国D探亲？

3. 您A的B这封信，谁C看D不明白。

4. A你吃什么，B我们C也D吃什么。

5. 每天A他B要C到D图书馆去学习。

三、选择填空（可以多选）

也　　　　就　　　　才　　　　都　　　　已经

1. 不管是在国内还是国外，_____要诚实守信。

2. 如果你没有时间去看电影，我_____不给你票了。

3. 每个城市_____有一个标志性的建筑。

4. 五年过去了，树长高了，他_____长大了。

附录2 各教学大纲与"都"有关的具体分析

一、《对外汉语教学语法大纲》

《对外汉语教学语法大纲》由中国国家对外汉语教学领导小组办公室组织编写，由王还教授任主编，这本书是为了适应对外汉语教学的需要，为对外汉语教师提供教学和教材编写的语法方面的依据和参考。此大纲强调了以下几点内容。

1. "都"（总括全部）：由于"都"的外语译文，如英语，分属几个词类，外国人往往把"都"与之对等而用错。所以要注意的是"都"只是个副词，因而只能处于句中谓语之前。

2. "都"所总括的人、物必须出现在"都"前面。当其总括主语时，语序正常。例如：

（1）我们今天都去看展览。这些东西都是他的。

3. 当其总括的是宾语时，句式需变化。例如：

（2）这两本小说她都看完了。

（3）我把几件衬衫都洗了。

4. 当其总括疑问句中的疑问代词时，如为主语，则在句首。例如：

（4）都什么人参加这个会议？

（5）你们当中都谁不去？

5. 如总括宾语，"都"则处于动词或介词前。例如：

（6）你们都看过鲁迅的哪些作品？

（7）我们今天都在什么地方种树？

6. "我们几个人都是朋友"。这句话是不对的，因为"每一个"无法成为"朋友"。

7. "都"常常与"无论（不论）"及疑问式搭配，表示在任何条件下，结论或结果不变。例如：

（8）你无论什么时候都可以找我。

（9）无论哪儿都可以买到这种布。

（10）无论下雨不下雨我们都去。

（11）无论谁愿意学习都可以报名。

8. "都"常常与"连"搭配，表示强调，而这种句中的"连"也可以省略。例如：

（12）（连）他家里的人都不知道他上哪儿去了。

（13）他（连）鱼都没吃过。

（14）这个道理（连）小孩儿都懂。

（15）那个苹果他（连）洗都没洗就吃了。

（16）最近他特别忙，（连）晚上都工作。

二、《高等学校外国留学生汉语言专业教学大纲》

这是国家对外汉语教学领导小组办公室为指导全国高等学校外国留学生汉语言专业教学，特制定本大纲。大纲所做的各项规定是本专业组织教学、编写教材与检查教学质量的基本依据。

在《高等学校外国留学生汉语言专业教学大纲》中，大纲强调了以下几点。

一、"都"在词汇表，属于一级词汇，可分为四种。

1.〔副〕总括（在总括成分后）。例如：

（17）我们都去香山了。

2.〔副〕总括（疑问代词所包含的内容）。例如：

（18）你昨天都去哪儿了？

（19）都谁去上海？

3.〔副〕甚至。

（20）今天一点儿都不冷。

4.〔副〕已经。

（21）都七点了，你还不起床！

二、在一年级语法项目表，"都"是范围副词。另外，在教学语法项目序列，"都"和"也"排第三顺位。

三、在二年级语法项目表，出现语气副词"都"，大纲讲解如下。

1.表示加强。例如：

（22）你都到过哪儿？（都1）

（23）都十二点了。（都2）

2.用"连……也（都）……"表示强调。例如：

（24）为了赶写这篇文章，这几天连饭都没吃好。

（25）连几岁的孩子也明白这个简单的道理，你怎么就不明白？

3.用"怎么……也（都）不……"强调否定。例如：

（26）大家怎么劝他，他都不听。

（27）就那么几句话，我怎么（说）也说不明白，真是笨死了。

四、在三、四年级语法项目表，出现与"都"相关的句式。

1."别说……，连……还（都、也）……（呢）"例如：

（28）别说你不知道，连消息最灵的老林都不知道。

2."连……也（都、还）……，别说……"例如：

（29）连根草都看不见，别说花儿了。

（30）连身体这么好的小李也病倒了，别说我们了。

3."别管……，都……"例如：

（31）别管别人说什么，你都应该坚持下去。

（32）别管天气多么恶劣，你们都应该准时到达那里。

4. "任凭……，也（都）……"例如：

（33）任凭你怎么劝，他都不听。

（34）任凭风吹雨打，他也不在乎。

三、《汉语水平等级标准与语法等级大纲》

这是国家对外汉语教学领导小组办公室汉语水平考试部制定的对外汉语教学的等级标准和水平大纲，是对外汉语教学总体设计，教材编写、课堂教学和课程测试的主要依据，也是中国国家级汉语水平考试（HSK）的主要命题依据。大纲强调了以下几点。

一、甲级语法大纲

1. 范围副词"都1"是甲级词汇，这就表示泰国学生在初级阶段时，一定会学到范围副词"都"。

2. 强调的方法：连……都……句式。例如：

（35）他最近很忙，连星期天都不休息。

（36）连八岁的孩子都参加了这次比赛。

二、乙级语法大纲

1. 时间副词"都2"是乙级词汇，例如：

（37）现在都八点了。

2. 用"……都没（不）"强调。例如：

（38）这个单位的人我一个都不认识。

3. 条件复句。不管（无论）……都……句式。例如：

（39）无论是领导还是群众，都要遵守纪律。

4. 让步复句。哪怕……都……句式。例如：

（40）教室里非常安静，哪怕有谁翻一下书，那声音都能听到。

三、丙级语法大纲

1. 都是＋小句／无主语（强调一件事情的真实性）。例如：

（41）都是我不好，把树栽歪了。

2. 条件复句。凡是……都……句式。例如：

（42）凡是重要的问题，都应当经过集体讨论。

（43）凡是技术性强的工作，都必须由专家分工负责。

3. 任……都……句式。例如：

（44）任你怎么说，她都不听劝告。

（45）任你是谁，也不能威胁别人。

4. 递进复句。……不仅仅……都……句式。例如：

（46）这项工作不仅仅对你是个考验，对我们都是个考验。

四、丁级语法大纲

1. 口语格式。X 来 X 去，都是……句式。例如：

（47）说来说去，都是我不好，行了吧？

2. 递进复句。别……，连……都……（连……都……，别说……）句式。例如：

（48）别说你不知道，连消息最灵的老林都不知道。

3. 不单（是）……都……句式。例如：

（49）不单是我，大家都厌恶他的官僚主义作风。

4. 条件复句。别管……都……句式。例如：

（50）别管别人说什么，你都应该坚持干下去。

（51）别管天气多么恶劣，你都要准时到达出事地点。

5. 任凭……都……句式。例如：

（52）任凭你怎么劝他，他都毫不动摇。

6. ……动词1 + 都不（没）+ 动1……句式。例如：

（53）我送他一个礼物，结果他看都不看一眼。

（54）他送我的点心，我尝都没尝一口。

四、《高等学校外国留学生汉语教学大纲：长期进修》

这是国家对外汉语教学领导小组办公室为来华长期进修的留学生制定的，

旨在明确对外汉语长期进修教学的性质和特点，规定其教学目标、等级结构、教学内容、教学原则，并对教学途径、教材编选以及测试进行指导。大纲中对"都"的解释如下。

一、初等阶段语法项目

1."都"是副词，表范围。

2."连……也／都……"例如：

（55）这个问题连孩子也能回答。

3."一……也／都……"例如：

（56）房间里一个人也没有。

4."不管／无论……也／都"例如：

（57）不管下多大的雨，我们也要去。

二、高等阶段语法项目

1."X来X去，都是（就是）……"例如：

（58）他整天忙得跑来跑去，都是被老板逼的。

（59）找来找去，就是没找到那把钥匙。

2."别说……，连……也／都……（连……也／都……，别说……）"例如：

（60）连自来水都没有，别说开水了。

（61）别说外国人，连中国人也不认识这个字。

3."不单（是）……，也（都）……"例如：

（62）他不单能唱能跳，也能说能写。

（63）不单是他父母，他的邻居、同事都很喜欢他。

4."别管……，（都）……"例如：

（64）别管天多冷，救援工作都得进行。

（65）别管今天来几个人，会议都要照常开。

5."任凭……，也（都）……"例如：

（66）任凭你问多少遍，我都不开口。

（67）任凭怎样难吃，你也得把它吃了。

6."动词1＋都不（没）＋动1"例如：

（68）王老师批评了他几句，他说都不说就走了。

（69）彼德病得太重了，他今天一天吃都没吃。

7.用"连……也（都、还）……"表示强调。例如：

（70）我刚来时，连一个字也不认识。

（71）都这么大了，连菜都不会炒。

8.省去介词"连"，用"一＋量＋名"表示强调。例如：

（72）赶快走，晚一分钟都不行。

五、《国际汉语教学通用课程大纲》

这本书是为顺应世界各地汉语教学迅速发展的趋势，满足各国对汉语教学内容规范化的需求，国家汉办／孔子学院总部组织研制了《国际汉语教学通用课程大纲》，该大纲是对汉语作为第二语言课程目标与内容的梳理和描述，旨在为汉语教学机构和教师在教学计划制定、学习者语言能力评测和教材编写等方面提供参考依据和参照标准。大纲强调了以下几点。

一、二级语法项目

1.都＋动词短语。例如：

（73）我们都学习汉语。

二、五级语法项目

1.无论……都……句式。例如：

（74）无论多远，我们都要去。

附录3　各教材中有关"都"的例句

一、中国汉语教材

1.《汉语教程》

这是对外汉语本科系列教材，全套共6册，自1999年出版以来，被国内外很多教学单位选作教材。本教材的指导思想是以语音、语法、词语、汉字等语言要素的教学为基础，通过课堂讲练，逐步提高学生听说读写的言语技能，培养他们用汉语进行社会交际的能力。

"都"作为语法点在初一上册第十一课出现。教材注解如下："都"（副）all，both。副词"也"和"都"放在动词或形容词前边，在句中做状语。比如（麦克是留学生，玛丽也是留学生，）他们都是留学生。不能说：都麦克和玛丽是留学生。

第二册上第三课，教材讲解如下："都……了"中间多为时间词和数量词，表示时间晚、年龄大、数量多。"都"是"已经"的意思，起强调的作用。发音要轻。例如：

（1）都七点五十了，快走吧。

（2）都二十岁了，自己的事情应该自己做了。

第二册下第十八课，教材讲解如下：疑问代词表示任指时，"谁"表示任何人；"什么"表示任何东西。"怎么"表示任何方式或方法；"哪儿"表示任何地方；"什么时候"表示任何时候等。句中常用副词"也"或"都"与之呼应。例如：

（3）我们班的同学谁都喜欢她。

（4）天太冷，我哪儿也不想去。

（5）怎么办都行，我没意见。

（6）吃什么都可以。

（7）你什么时候来我都欢迎。

第二册下第二十课，教材讲解如下：汉语常用"连……也/都……"这一结构表示强调。介词"连"引出要强调的部分（一般是极端情况），后边用"也、都"与之呼应。隐含有比较的语义，表示强调的对象尚且如此，其他的就更不用说了。例如：

（8）来北京快半年了，她连长城也没去过。（别的风景区更没去过了）

（9）你怎么连这么简单的问题也不会回答？（复杂的问题更不会了）

（10）A：你读过这本书吗？

　　　B：没有，我连这本书的名字也没听说过。（不可能读过）

（11）A：你最近忙吗？

　　　B：很忙，常常连星期日也不能休息。（平时更不能休息了）

"连……也/都……"的"也"或"都"后边都可接否定句。后接肯定句时，通常用"连……都……"。例如：

（12）连校长都参加了我们的联欢晚会。

（13）这么简单的问题连孩子都会回答。

第三册上第四课，教材讲解如下："一点儿"表示数量少，用在"不、没"前边表示完全否定。意思相当于"的确、确实"。"一点儿"和"不、没"之间可以插入"也、都"等。例如：

（14）要去的地方是南京，我对南京一点儿也不了解。

（15）你说的这件事我一点儿也不知道。

（16）虽然在国内学过汉语，可是刚来时，我一点儿也听不懂中国人说的话。

第三册上第七课，教材讲解如下："不管"和"都"或"也"一起用，表示在任何条件下结果或结论都不会改变。例如：

（17）我的盾特别坚固，不管用什么锋利的矛去刺，都刺不透。

（18）不管遇到什么情况，她都能坚持上课。

（19）不管做什么事，她都非常认真。

（20）不管你回来不回来，都给我来个电话。

（21）不管刮风还是下雨，她从来没有迟到过。

注意："不管"后边一般是表示任指的疑问代词或者表示选择关系的并列成分。不能说：＊不管下大雨我们也去。

第三册下第二十二课，教材讲解如下："不论"表示在任何条件下结果或结论都不会改变。后边往往有并列的词语或表示任指的疑问代词，下文多用"都、总、也"等副词跟它呼应。例如：

（22）几年来，不论夏天还是冬天，不论刮风还是下雨，我从来没有缺过一次课。

（23）不论什么时候，她都能坚持上课。

（24）不论做什么事，她都非常认真。

（25）不论你回来不回来，都给我来个电话。

（26）不论刮风还是下雨，她从来没有迟到过。不能说：＊不论下大雨我们也去。

2.《泰国人学汉语》

这是国家对外汉语教学领导小组办公室规划教材，中国中山大学与泰国华侨崇圣大学合作项目，是北大版新一代对外汉语教材：国别汉语教程系列。该教材是为以泰语为母语的汉语学习者编写的，旨在培养学习者汉语听说读写基本技能和一定的汉语交际能力。

"都"作为语法点，出现在《泰国人学汉语》第一册第二课《他们好吗？》中。教材讲解如下：都（副）"tʰáŋ mòt"，"lúːan"（ทั้งหมด，ล้วน）。例句：

（27）他们都很好。

พวกเขาทั้งหมด（ล้วน）สบายดีมาก

phûːak kʰǎw		tʰáŋ mòt	（lúːan）	sà baːj diː	mâːk
他们		都	（都）	好	很

3.《发展汉语》

《发展汉语》(第二版)为普通高等教育"十一五"国家级规划教材。本套教材采取"综合语言能力培养与专项语言技能训练相结合"的外语教学及教材编写模式,分为"三个层级、五个系列",即纵向分为初、中、高三个层次,横向分为综合、听、说、读、写五个系列。本套教材的总体目标是全面发展和提高学习者的汉语语言能力、汉语交际能力、汉语综合运用能力和汉语学习兴趣、汉语学习能力。

"都"作为书中的语法点,出现在初级综合Ⅰ第五课《你家有几口人》中。教材的注解如下:"都"(副)all, both。在第十八课《我上了四个小时的网》的生词表中,又一次出现"都",教材的注解是:"都"(副)already。

《发展汉语》中"都"作为语法点,出现在初级综合Ⅱ第三课《卖辣椒的女孩儿》中。教材讲解如下:"一+量词(+名词)+都/也+不/没……"这个结构用来强调否定。例如:

(28)这个字,我一个都不认识。

(29)上午,我一点儿水也没喝。

(30)这几天,我一句汉语也没说。

(31)小姑娘一个辣椒都没卖出去。

"都"作为语法点,出现在初级综合Ⅱ第二十一课《愚公移山》中。教材讲解如下:"不管……都/也……"表示在任何条件下,结果或结论都不会改变。例如:

(32)不管你同意不同意,我都要去。

(33)不管事情多难办,我们也得办。

(34)不管有什么理由,这次考试你都必须参加。

(35)不管去哪儿,他们都得翻过这两座大山。

"都"作为语法点,又出现在初级综合Ⅱ第二十三课《我的低碳生活》中。教材讲解如下:"连……也/都……"表示强调。"连"后面往往是被强调的部分。例如:

（36）早上，我连饭也没吃就来上课了。

（37）这么简单的问题，连小孩子都懂。

（38）连这么简单的汉字你都不认识？

（39）连别人洗手时水开得太大，我也管。

另外，在第二十三课还谈到"怎么也／都+V+不+结果"的用法。"怎么也／都+V+不+结果"表示没有办法达到希望实现的结果。例如：

（40）这双鞋太小，我怎么都穿不进去。

《发展汉语》中级综合Ⅰ第五课《最好的教育》讲解如下："无论／不论……，都……"表示在任何条件下结果或结论都不会改变，常用于书面语，口语中用"不管……，都……"。例如：

（41）无论走到哪儿，我都不会忘记自己的祖国和亲人。

（42）做事无论大小，都要尽到自己的责任。

（43）不论大事小事，他都自己做决定。

（44）不论拒绝还是接受，你都要告诉我。

（45）不管你喜不喜欢，你都必须做这份工作。

（46）他可是个"中国通"，只要是关于中国的问题，无论经济、政治、文化、历史、语言，他都知道。

《发展汉语》中级综合Ⅰ第九课《生物钟》讲解如下："每"，副词，用在动词或动词短语前，表示同一动作或行为有规律地反复出现，后面常有"就""都"等配合使用。例如：

（47）每搬一次家，我的房租都会贵一些。

（48）每到考试，她都很紧张。

"凡是……，都……"表示在某个范围内的所有事物或情况没有例外。例如：

（49）凡是到北京旅游的人，都想去参观长城、故宫。

（50）凡是我喜欢的，他都不喜欢。

（51）宝宝的好奇心很强，凡是她不懂的问题，都要问妈妈。

《发展汉语》高级综合Ⅱ第四课《司徒雷登》讲解如下："都"相当于

"甚至",表达一种极端情况。例如:

(52)事前我什么消息都不知道,我都不知道你会来。

(53)要不是你提醒,我都忘了我是来干什么的了。

"都"的这种用法,还表现在"(连)……都……"和"动词+都+动词否定形式"。例如:

(54)(连)你都考不上,我就更没希望了。

(55)你用了我的车,怎么问都不问我一声?

4.《博雅汉语》

《博雅汉语》为普通高等教育"十一五"国家级规划教材,是北京大学一批长期从事对外汉语教学的优秀教师在多年积累经验之上编写的新世纪汉语精品教材。本书共分起步、加速、冲刺和飞翔四个等级。

"都"作为语法点,出现在《博雅汉语》初级起步篇Ⅰ第八课《你的电话号码是多少?》中。教材注解如下:"都"(副)all。另外,在第十二课《你在干什么呢?》中讲解如下:"每……都……"(Each/Every ...)表示没有例外。例如:

(56)我每天早上都喝咖啡。

(57)他们每个人都知道。

(58)这儿每天都下雨。

(59)玛丽每个星期六都看电影。

(60)我每天都去学校。

在初级起步篇Ⅱ第三十一课《飞机晚点了》中,对"都"的解释如下。

一、无例外。例如:

(61)我们都是东方大学的学生。

(62)这次考试,同学们考得都很好。

二、表示强调,有"已经"的意思。例如:

(63)都十二点了,她还没回来。

(64)都学了两年了,汉语还是说得不太好。

在初级起步篇 II 第五十二课《一个电话》中，对"都"的解释如下。
"连……也／都……"（Even）例如：

（65）这个汉字太难了，连老师也不认识。

（66）这个汉字太简单了，连三岁的孩子都认识。

（67）我去过的地方很少，连长城也没去过。

（68）他去过很多地方，连南极都去过。

（69）他很努力，连星期天都去图书馆看书。

（70）他一点儿也不努力，连考试前也不好好复习。

在初级起步篇 II 第五十三课《笑话》中，生词语对"都"的讲解如下："不管……都……"（连）（No matter）。在语言点中对"都"的讲解如下："不管……都……"（No matter how...）。例如：

（71）不管你愿意不愿意，你都得去。

（72）他每天坚持跑步，不管刮风还是下雨，都要跑。

（73）不管你说什么，我们都不想听。

（74）不管多难，他都要坚持下去。

在准中级加速篇 II 第六课《我的理想家庭》中，对"都"的讲解如下。
"不管……都……"表示在任何条件下，情况或结论都不会改变。"不管"后边常常是动词或形容词的肯定否定形式连用、疑问词或由连词"还是、或者"连接的成分。例如：

（75）不管理想有没有实现，事业是不是成功，经历的事多了，想法就渐渐变得现实了。

（76）干脆趁早结婚，不管婚后是不是要做牛做马。

（77）家庭就好像一列火车，不管是穷是富，自己都得老老实实当好火车头。

（78）爸爸钓的鱼，不管多少，都卖给市场里卖鱼的人。

（79）人送给你的礼物，不管喜欢不喜欢，你都得说喜欢。

（80）不管去哪儿都带着手机。

（81）爸：不管谁打来电话，你都说我不在家。

孩子（接电话）：啊，我爸爸说他不在家。

在中级冲刺篇Ⅰ第七课《戏说中国人》中，对"都"的讲解如下："无论／不管……都／也……"这个结构强调在任何情况下，都不改变结论或结果。"无论"多用于书面，用"不管"多用于口语。"无论"和"不管"后面常常跟"V不V""是A还是B"或特殊疑问句，如果后面的句子有主语，"也"和"都"不能放在主语前面。例如：

（82）无论走到哪里，中国人的特质都不会改变。

（83）无论多么忙，也不能忽视对家庭的责任。

（84）不管你去不去，都要给我来个电话。

（85）不管是在北京还是在外地，我都习惯早起。

在中级冲刺篇Ⅰ第八课《"打"来"打"去》中，对"都"的讲解如下："凡是……都……"这个结构表示，只要符合"凡是"后面的条件，就一定会有"都"之后的情况或结果，没有例外。有时，"都"之前会有"一律"配合使用。例如：

（86）凡是中级班的学生，都可以选这门课。

（87）凡是参加合唱比赛的同学，一律都要穿西服、打领带。

（88）那是不是凡是用手的动作都可以用"打"呢？也不尽然。

二、泰国汉语教材

1.《泰国蓝康恒大学中文课本》

蓝康恒大学是一所泰国政府所设立的开放大学，以创造泰国文字的素可泰皇朝英明大帝"蓝康恒"为校名。《泰国蓝康恒大学中文课本》是泰国蓝康恒大学的汉语教材，全套共四册。"都"作为语法点，出现在泰国蓝康恒大学中文课本第一册第六课《家庭》中。教材讲解如下："都""lúːan"，"tʰáŋ mòt"（ล้วน，ทั้งหมด）例如：

（89）他们都在学习，是吗？

พวกเขากำลังเรียนอยู่ใช่ไหมคะ

pʰûːak kʰǎw	kam laŋ	riːan	jùː	tɕʰâj	mǎj	kʰáʔ
她们		在	学习	在	是	吗

（女性使用，是
表示礼貌）

（90）大家都在课室里。

ทุกคนอยู่ในห้องเรียน

tʰúk kʰon	jùː	naj	hɔ̂ːŋ riːan
大家	在	里	课室

（91）两个弟弟在念中学，都快毕业了。

น้องชายสองคนเรียนอยู่มัธยม ทั้งสองเรียนใกล้จะจบแล้ว

nɔ́ːŋ tɕʰaːj	sɔ̌ːŋ kʰon	riːan	jùː	mát jom	tʰáŋ
弟弟	两个	念	在	中学	都

sɔ̌ːŋ	riːan	klâj	tɕàʔ	tɕòp	léːw
两	念	快	要	毕业	了

"都"作为语法点，出现在泰国蓝康恒大学中文课本第二册第四课《服装》中。教材讲解如下："都""lúːan"，"tʰáŋ mòt"有"甚至"的意思，"都"轻读，有"已经"的意思，句末常用"了"。（มีความหมายว่าจนกระทั่ง "โตว" อ่านออกเสียงเบามีความหมายว่า "แล้ว" ท้ายประโยคมักใช้คำว่า "เลอ"）例如：

（92）都十二点了，该休息了。

เที่ยงคืนแล้ว ควรพักผ่อนแล้ว

tʰîːaŋ kʰɯːn	léːw	kʰuːan	pʰák pʰɔ̀ːn	léːw
十二点	了	该	休息	了

（93）他忙得都忘了吃饭了。

เขายุ่งจนแม้แต่ข้าวก็ลืมรับประทานแล้ว

kʰǎw	jûŋ	tɕon	méː tèː	kʰâːw	kɔ̂ː	luːm
他	忙	得	连	饭	都	忘

ráp pràʔ tʰaːn	léːw
吃	了

2.《现代汉语》

玛希隆大学是泰国最古老的高等教育机构，前身是诗里拉皇家医学院，在医学、公共医疗卫生和自然科学领域享有盛誉，以"泰国现代医学和公共医疗卫生事业之父"——玛希隆·宋卡拉王子的名字命名。《现代汉语》是玛希隆大学的汉语教材，全套共两册。"都"作为语法点，出现在《现代汉语》第一册第九课《吃饭》中。教材讲解如下："都"（副词）"tà:ŋ"，"tʰáŋ mòt"，"lú:an kɔ́:"（ต่าง，ทั้งหมด，ล้วนก็）。

3.《基础汉语》

朱拉隆功大学创建于朱拉隆功国王拉玛五世在位期间，因此取名朱拉隆功大学。《基础汉语》是朱拉隆功大学的汉语教材，全套共两册。"都"作为语法点，出现在《基础汉语》第一册第二课的《他给我手表》中。教材讲解如下："都"（副词）"tʰáŋ mòt"，"tʰáŋ nán"，"tʰáŋ"（ทั้งหมด，ทั้งนั้น，ทั้ง）例如：

（94）书都很好。

（95）他们都不忙。

（96）中国书不都贵。

（97）钢笔都好看。

（98）我们都没有粉笔。

4.《汉语短期教程》

宣素南塔皇家大学始建于 1937 年 5 月 8 日，1992 年在泰皇恩赐下定名为泰国宣素南塔皇家学院，2004 年更名为宣素南塔皇家大学。《汉语短期教程》是宣素南塔皇家大学的汉语教材，"都"作为语法点，出现在《汉语短期教程》第四课《汉语难吗》中。教材讲解如下："都"（副词）"ru:am tʰáŋ mòt"（รวมทั้งหมด）。

致　　谢

回忆起读博时光，幸得有很多人的关心和鼓励，我才能走到今天，内心充满感谢之情。

这篇论文能够顺利完成，首先要深深地感谢我敬爱的导师吴平教授，作为吴教授的一名博士生是我一生中最幸运、最荣幸的事情之一。吴教授大方宽容地对待我、信任我，每次在我写作当中遇到了困难，都给我信心让我重新站起来。从论文的选题、写作、修改和完成都得到了吴教授的悉心指导和支持。另外，在生活方面，吴教授的关心也使我感到非常温馨。借此机会，衷心感谢吴教授三年来对我学术和生活上的关怀和帮助，学生将永远铭记于心。而且，北京语言大学的姜丽萍教授、张宝林教授也为我的论文提出了许多宝贵的意见，这些宝贵的意见对我的论文起了非常重要的作用，在这里表示感谢。

我这三年的学习经历都是在中国政府奖学金的资助下度过的，同时我也要感谢泰国玛希隆大学和朱大孔子学院中方院长傅增有教授为我提供的宝贵学习机会和帮助。

非常感谢北京语言大学所有敬爱的老师给予我知识。

非常感谢我的好友徐威、林凯丽、马可仪、申珊珊、安胜昔、陈洁明等，对我的论文写作给予了帮助和支持。

最后，我要感谢我的家人，感谢他们自始至终支持和鼓励。